하나님의 불같은 사랑

THE FIRE OF GOD'S LOVE

COPYRIGHT © 1996 BY BOB SORGE

INTERNATIONAL COPYRIGHT BY BOB SORGE,
ALL RIGHTS RESERVED. TRANSLATED BY PERMISSION OF THE AUTHOR
WWW.OASISHOUSE.COM
WWW.BOBSORGE.COM

KOREAN TRANSLATION COPYRIGHT © 2018 BY BETHEL BOOKS

이 책의 한국어판 저작권은 벧엘북스에 있습니다. 저작권법에 의해 한국에서 보호
받는 저작물이므로 무단 전제와 무단 복제를 금합니다.

B.O.B S.O.R.G.E

하나님의 불같은 사랑

The Fire of God's Love

밥 소르기 지음 천슬기 옮김

하나님의 불같은 사랑

사랑하는 아내이자 가장 좋은 친구인 마시에게

    지난 4년 동안, 내 곁에 있어 준 사랑하는 마시. 우린 함께 걷고 함께 울고 함께 기다리고 함께 예배했습니다. 당신은 하나님께서 내게 주신 선물입니다. 특히 불같이 힘든 시간을 함께 견뎌 준 당신에게 말로 다 표현할 수 없을 만한 고마움을 전합니다. 어떤 압박도 우리를 갈라놓을 수 없었으며 우리는 그 전보다 더 끈끈해졌습니다. 힘든 시련을 견뎌 주 예수 그리스도를 온전히 기쁘게 한 이 열정을 우리가 함께 나눌 수 있어서 참으로 감사합니다.

차 례

1부 : 사랑의 용광로
1장 하나님의 불같은 사랑 | 10

2부 : 십자가
2장 하나님 사랑의 세 가지 차원 | 18
3장 십자가: 사랑으로의 초대 | 30
4장 죽음을 받아들이다 | 38
5장 예수님의 고난에 참여하다 | 48

3부 : 마음의 동기
6장 마음의 동기를 깨끗케 하다 | 60
7장 나는 하나님과 함께 있기 원합니다 | 64
8장 나는 하나님을 알기 원합니다 | 70
9장 나는 하나님을 기쁘시게 해드리기 원합니다 | 80
10장 나는 하나님의 영광을 원합니다 | 88

4부 : 하나님과의 우정

11장 성화의 세 단계 | 102

12장 어린아이, 청년, 아버지 | 106

13장 하나님의 동역자 | 110

14장 종인가 친구인가 | 116

15장 예수님의 목적에 순종하다 | 122

16장 하나님의 친구 되기 | 128

17장 신랑의 친구 | 136

18장 하나님과의 우정 : 고통과 영광 | 144

5부 : 아가서 솔로몬의 노래

19장 열정의 시작 | 156

20장 영적 여정이 시작되다 | 162

21장 예수님의 훈련을 받아들이다 | 170

22장 예수님의 확언 | 178

23장 성숙한 사랑 | 184

6부 : 가장 위대한 사랑

24장 하나님의 질투하는 사랑 | 194

25장 사랑 해석학 | 200

26장 사랑 안에 온전해지다 | 208

27장 단순한 기도 | 218

28장 궁극의 절정 | 224

하나님의 불같은 사랑

1부

사랑의 용광로

SECTION ONE
FURNACE OF LOVE

1장 하나님의 불같은 사랑
GOD'S FIERY LOVE

성경에서 가장 중요한 주제는 하나님의 사랑이다. 하나님의 사랑은 우리의 이해를 초월하는 신비의 영역으로 모든 성도가 일평생 알고 체험하기를 기쁨으로 추구해야 한다. 하나님의 사랑은 눈부시게 빛나는 태양 같으며 하나님의 사랑에서 나오는 엄청난 힘은 두려움에 떠는 연약한 신자를 사랑의 불 앞에 담대히 나오도록 이끈다. 하나님의 사랑을 알아가는 것은 마치 광활한 대양을 탐구하는 것과 같아서 우리에게 끝없는 감동을 준다.

사랑의 강

하나님께서 역사하시는 동기는 무엇일까? 무엇이 하나님을 움직일까? 그 답은 바로 사랑이다. 하나님께서 우리를 위하여 행하시는 모든 것의 근원에 사랑이 있으며 사랑은 우리를 하나님께 가까이 이끈다. 만일 당신이 하나님의 거룩한 능력의 근원에 다가가면 그 근원에서부터 세차게 흐르는 강을 볼 수 있을 것이다. 성경은 하나님의 보좌로부터 흐르는 강을 "생명의 강"이라고 부른다. 나는 생명의 강의 근원이 "사랑"이라고 생각한다. 하나님의 사랑에서부터 시작된 생명의 강이 우리를 향해 거침없이 흘러온다. 우리에게 흐르는 하나님의 생명의 강은 한가하고 여유롭게 구불구불 흐르는 것이 아니라 급류처럼 휩쓰는 물살이다.

하나님의 사랑은 수위가 높아져 언제 넘칠지 모르는 강처럼 위협적이고 맹렬하며 파괴적으로 보일 만큼 압도적이다. 그래서 누군가는 이렇게 물을지 모른다. "하나님의 사랑이 어떻게 파괴적일 수 있나요?" 예수님을 십자가로 이끈 것도, 수 세기에 걸쳐 순교자들이 목숨 바쳐 헌신한 것도 하나님의 사랑 때문이었다. 하나님의 사랑이 우리를 사랑의 소용돌이 속으로 밀어 넣는다면 그 격렬한 소용돌이 속에서 우리의 자아가 살아남기를 기대하는 것은 비현실적이다. 아, 축복받은 자아의 죽음이여! 영원한 생명을 낳도다!

휘어잡히다

바울은 고린도후서 5:14에 하나님의 사랑이 자신을 "휘어잡았다"고 고백한다.

"그리스도의 사랑이 우리를 휘어잡습니다"

신약의 단어 휘어잡는다는 "결합하다" 또는 "세게 붙들다"라는 의미로 군병들이 예수님을 체포한 후 "지킨"(눅 22:63) 방식을 설명할 때 사용한 단어다. 바울이 말한 휘어잡는다는 의미는 "하나님의 사랑이 나를 사로잡았고, 구속했다"라는 의미다.

나에게 바울의 고백이 이렇게 들린다. "나는 이제 하나님의 사랑만 추구하겠습니다. 하나님의 사랑이 먼저 나의 마음을 사로잡았습니다. 이제 내 삶은 나의 통제를 완전히 벗어났으며 저항할 수 없는 하나님의 강력한 사랑의 힘으로 살아갑니다. 하나님의 사랑이 내 삶을 휘어잡았기 때문에 이제 나에게 다른 선택권은 없습니다." 또 젊은 사람들을 위해서 이렇게 표현할 수도 있다. "나는 사랑의 헤드락^{HEADLOCK}에 걸려서 하나님의 포로가 된 사랑의 노예입니다. 하나님의 사랑이 나를 다스리시므로 내 삶의 통제권은 더 이상 나에게 없습니다."

주의하라 : 하나님의 사랑의 강으로 나아가면 당신의 삶도 바울의 삶처럼 이전과 달라질 것이다. 어떤 면에서는 이전의 안정적인 삶이 사라지고 과거에 비해 위태로워질지도 모른다. 만일 당신이 하나님의 사랑의 물결에 항복하면 베드로가 그랬듯이 당신의 삶도 예상치 못했던 길로 이끌리게 될 것이다.

> 내가 진정으로 진정으로 네게 말한다. 네가 젊어서는 스스로 띠를 띠고 네가 가고 싶은 곳을 다녔으나, 네가 늙어서는 남들이 네 팔을 벌릴 것이고, 너를 묶어서 네가 바라지 않는 곳으로 너를 끌고 갈 것이다. (요 21:18)

하나님 안에서의 연합

우리는 성경을 통해 하나님께서 삼위일체 시라는 것을 안다. 하나님의 삼위일체는 완전하다. 우리에게 세 하나님이 아닌 오직 한 하나님만 계신다는 것이 삼위일체의 신비이다. 영원토록 계신 삼위께서 하나 되는 연합을 가능하게 하는 위대한 힘은 무엇일까? 나는 세 위격이 한 하나님으로 연합하는 데에는 가장 큰 항성의 중력보다 더 큰 힘이 필요하다고 생각한다. 전능한 세 위격이 하나 되기 위해서는 빛조차도 흡수해 버리는 '블랙홀' 보다 더 강한 힘이 필요하다. 천문학자들은 블랙홀이 강력한 밀도와 중력으로 주위에 있는 모든 물질을 흡수하는데 한번 흡수되면 빠져나올 수 없고 넓은 공간에 거대한 구멍처럼 보인다고 한다.

과연 어떤 종류의 힘이 위대한 삼위를 하나로 모을 수 있는가? 하나님을 연합시키는 힘, 가장 강력하게 폭발하는 항성의 중력과 블랙홀의 중력보다 더 큰 힘은 사랑뿐이다. 마치 블랙홀이 빛을 끌어당기듯 사랑이 세 위격을 끌어당겨 하나로 묶는다. 요한복음에서 예수님은 이 강력한 사랑을 경험한 존재만이 말할 수 있는 언어로 사랑을 설명하셨다.

> 내가 그들 안에 있고, 아버지께서 내 안에 계신 것은, 그들이 완전히 하나가 되게 하려는 것입니다. 그것은 또, 아버지께서 나를 보내셨다는 것과, 아버지께서 나를 사랑하신 것과 같이 그들도 사랑하셨다는 것을, 세상이 알게 하려는 것입니다. (요 17:23)

한번 상상해 보자. 마치 블랙홀이 주위의 모든 것을 끌어당기 듯 하나님 아버지께서 그 아들을 사랑하시는 것과 똑같은 열정으로 당신을 끌어당기신다! 하나님 아버지와 아들 예수님과 성령님께서 하나 되도록 이끈 것은 측량할 수 없을 정도로 놀랍고 강력한 사랑의 힘이 당신을 하나님께로 이끈다.

삼위를 연합시킨 사랑은 모든 사람의 이해를 초월하고 그 강도와 기한과 규모가 영원하다. 삼위일체 안에 존재하는 측량할 수 없는 힘, 불타는 하나님의 사랑이 이제 네 번째 존재인 당신에게 역사하여 당신을 끌어당기기로 선택했다!

느부갓네살 왕이 불타는 용광로 속에서 네 번째 사람의 형체를 본 것처럼, 지금 천국의 천사들과 네 생물이 영원한 사랑의 용광로 앞에 모여 오직 삼위일체 한 분 하나님만을 위해 준비된 네 번째 존재를 넋을 잃은 채 응시하고 있다. 이 네 번째 존재는 바로 그리스도의 신부인 당신이다.

> 왕이 말을 이었다. "보아라, 내가 보기에는 네 사람이다. 모두 결박이 풀린 채로 화덕 안에서 걷고 있고, 그들에게 아무런 상처도 없다! 더욱이 넷째 사람의 모습은 신의 아들과 같다!" (단 3:25)

당신이 바로 네 번째 존재다!

"나는 이제 하나님의 사랑만 추구하겠습니다. 하나님의 사랑이 먼저 나의 마음을 사로잡았습니다. 이제 내 삶은 나의 통제를 완전히 벗어났으며 저항할 수 없는 하나님의 강력한 사랑의 힘으로 살아갑니다. 하나님의 사랑이 내 삶을 휘어잡았기 때문에 이제 나에게 다른 선택권은 없습니다."

하나님의 불같은 사랑

2부

십자가

SECTION TWO
THE CROSS

2장 하나님 사랑의 세 가지 차원
THREE DIMENSIONS OF GOD'S LOVE

그리스도의 신부THE BRIDE OF CHRIST는 예수님께서 지신 십자가를 통해 하나님의 불타는 사랑을 경험한다. 얼마 전 복음서에 기록된 그리스도의 고난을 읽다 마음이 벅차올라 기도하기 시작했다. "주님, 제게 주님의 십자가를 보여주세요." 그리고 나는 지금까지 그리스도께서 십자가를 지심으로 이루신 모든 것을 아주 제한적으로 알고 있었음을 깨달았다. 그리고 한동안 계속된 깊은 기도 속에서 나는 예수님의 십자가 고난의 요점이 한 마디로 "사랑"이라는 것을 깨닫기 시작했다. 십자가의 목적은 신부를 향한 하나님의 사랑을 알려주심으로 신부의 마음에 사랑의 불꽃을 일으키는 것이다. 십자가는 하나님 사랑의 명백한 입증이며 신실한 신자들의 마음에 하나님의 사랑을 각성시키는 도구이다. 십자가는 하나님의 사랑의 놀라운 세 가지 차원을 알려준다.

첫 번째 차원 : 우리를 향한 그리스도의 사랑

십자가에 우리를 위한 예수 그리스도의 사랑이 담겨 있다. 진실로 예수님은 값진 진주 하나를 사기 위해 모든 것을 희생한 상인과 같으시다.(마 13:45~46) 사랑하는 신부의 구원을 위해 선택한 갈보리 희생은 예수님에게 있어서 어떤 것과도 비교할 수 없는 가치가 있다. 성경에 우리를 향한 그리스도의 위대한 사랑이 다음과 같이 기록되어 있다.

> 유월절 전에 예수께서는 자기가 이 세상을 떠나서 아버지께로 가야 할 때가 된 것을 아시고 세상에 있는 자기의 사람들을 사랑하시되 끝까지 사랑하셨다. (요 13:1)

> 누가 우리를 그리스도의 사랑에서 끊을 수 있겠습니까? 환난입니까 곤고입니까 박해입니까 굶주림입니까 헐벗음입니까 위협입니까 또는 칼입니까? (롬 8:35)

> 그리스도의 사랑이 우리를 휘어잡습니다. 우리가 확신하기로는 한 사람이 모든 사람을 위하여 죽으셨으니 모든 사람이 죽은 셈입니다. (고후 5:14)

> 지식을 초월하는 그리스도의 사랑을 알게 되기를 빕니다. 그리하여 하나님의 온갖 충만하심으로 여러분이 충만하여지기를 바랍니다. (엡 3:19)

예수 그리스도께서는 우리를 사랑하시며, 자기의 피로 우리의 죄에서 우리를 해방하여 주셨고 (계 1:5)

예수 그리스도의 위대한 사랑은 십자가 위에서 다른 사람들과 나누신 짧은 두 대화에서 더욱 분명하게 드러난다.

1. 십자가에서 죽어가는 강도에게

"예수께서 그에게 말씀하셨다. 내가 진정으로 네게 말한다. 너는 오늘 나와 함께 낙원에 있을 것이다." (눅 23:43)

2. 사랑하는 제자 요한과 어머니에게

"26 예수께서는 자기 어머니와 그 곁에 서 있는 사랑하는 제자를 보시고, 어머니에게 어머니, 이 사람이 어머니의 아들입니다 하고 말씀하시고, 27 그 다음에 제자에게는 자, 이분이 네 어머니시다 하고 말씀하셨다. 그 때부터 그 제자는 그를 자기 집으로 모셨다." (요 19:26~27)

십자가에 달려 극심한 고통을 겪으시던 예수님은 이렇게 생각하실 수도 있었다. "나는 지금 온 세상을 구하고 있기 때문에 저기 있는 한 두 사람한테 신경 쓸 수 없어. 너무 고통스럽구나, 끝까지 잘 버티는 데만 집중하자." 그러나 예수님은 죽음의 고통 속에서도 크신 사랑으로 사랑하는 사람들을 잊지 않고 돌보셨으며 갈보리의 참혹한 고통을 뛰어넘어 자신을 바라보던 사람들의 마음을 만지셨다. 큰 고통 중에도 사랑을 베푸시는 그리스도의 모습은 모든 믿는 신자의 훌륭한 본보기다. 예수님은 우리가 상처 때문에 마음 아파할 때도 우리를 통해 그리스도의 사랑이 흘러가 주변의 연약한 사람들을 고치시고 위로하기를 원하신다.

십자가는 우리를 향한 그리스도의 사랑을 분명하게 나타내는 상징이다. 우리가 십자가를 주목할 때 그리스도의 놀라운 사랑의 또 다른 차원을 발견한다. 그런데 사실 십자가가 나타내는 가장 감격스러운 사랑은 사람을 향한 그리스도의 사랑이 아니다. 물론 우리를 향한 그리스도의 십자가 사랑은 매우 놀랍고 아름답고 감격스럽다. 아마 당신은 이 유명한 찬양의 가사를 기억할 것이다, "예수님 십자가에 달리셨을 때, 나를 생각하셨네." 하지만 예수님께서 십자가에 달려 고난받으실 때 우리만 생각하신 것이 아니다. 예수님은 십자가 고난의 처음부터 끝까지 쉬지 않고 아버지를 생각하셨다. 이것이 십자가가 나타내는 두 번째 위대한 사랑, 아버지를 향한 예수님의 사랑이다.

두 번째 차원 : 아버지를 향한 예수님의 사랑

예수님과 아버지 사이에는 서로를 향한 열정^{MUTUAL PASSION}이 있었으며 예수님은 아버지의 뜻을 위해 어떤 대가도 기꺼이 치르실 준비가 되어 있었다. 예수님은 십자가의 죽음이라는 아버지의 뜻을 아시고 군병들에게 잡히시기 전에 위대한 사랑을 고백하셨다.

"나의 아버지 하실 수만 있으시면 이 잔을 내게서 지나가게 해주십시오. 그러나 내 뜻대로 하지 마시고 아버지의 뜻대로 해주십시오." (마 26:39)

이 말씀의 의미는 이것이다. "아버지 당신을 정말 사랑합니다. 당신을 위해서 무엇이든 하겠습니다!" 예수님은 겟세마네 동산에서 아버지를 향한 열정으로 갈보리를 향한 희생의 부르심을 따르기로 마음을 굳히셨다. 마귀는 겟세마네 동산에서 아버지를 위해 십자가를 지기로 한 예수님을 유혹할 수 없었다. 사실 마귀는 이미 오래전에 예수님을 유혹하려는 노력을 포기했으며 이제 마귀가 할 수 있는 것은 예수님을 죽이는 것뿐이었다. 그래서 겟세마네는 유혹을 이기는 것과 관련이 없으며 오히려 아버지의 뜻을 온전하게 받아들인 예수님의 뜨거운 사랑과 관련이 있다. 겟세마네는 가장 깊은 차원의 사랑이 오가는 장소였다. 예수님께서는 우리의 죄를 향한 하나님의 진노를 견디시기 위해 십자가에 못 박히시는 처음부터 끝까지 오직 아버지께만 초점을 맞추셨다. 이 사실은 예수님께서 십자가형을 받으시는 동안 아버지를 향해 고백하신 세 가지 말씀으로 알 수 있다.

아버지, 저 사람들을 용서하여 주십시오. 저 사람들은 자기네가 무슨 일을 하는지를 알지 못합니다. (눅 23:34)

나의 하나님 나의 하나님 어찌하여 나를 버리셨습니까? (마 27:46)

> 아버지, 내 영혼을 아버지 손에 맡깁니다. (눅 23:46)

예수님께서 십자가에 달리셔서 참혹한 고통을 겪으셨다. 예수님께는 마음만 먹으면 순식간에 십자가에서 내려오실 권능이 있으셨지만(마 26:53), 말로 다 표현할 수 없이 괴로운 십자가를 끝까지 견디기로 선택하셨다는 사실은 우리로서는 상상조차 할 수 없다. 예수님께서 참혹한 고통 중에도 초점을 잃지 않으시고 무지막지한 폭력과 고난을 받아들이셨던 것은 오직 한 가지로 설명할 수 있다. 예수님께서 기꺼이 갈보리 고통을 견디신 이유는 그 고통보다 더 위대한 것을 얻으실 것을 아셨기 때문이었다.

> "그는 자기 앞에 놓여 있는 기쁨을 내다보고서 부끄러움을 마음에 두지 않으시고 십자가를 참으셨습니다." (히 12:2)

과연 예수님께서 바라신 것은 무엇인가? 얼마나 놀라운 것이기에 예수님께서 십자가를 견디셨는가? 누군가는 이렇게 대답할 것이다. "예수님께서 고대하신 것은 신부였다! 예수님은 사랑하는 신부를 구원하는 기쁨을 바라셨다." 이 대답은 부분적으로 맞지만, 이것이 예수님 앞에 주어진 기쁨의 전부는 아니었다.

예수님은 다른 어떤 것보다 아버지 하나님께서 보내실 열렬한 지지와 충만한 영광과 아버지의 폭발적인 기쁨을 보셨다. 예수님의 가장 위대한 기쁨은 아버지가 "잘했구나! 내 아들아. 나는 무척 기쁘다! 네가 나의 뜻을 행했구나."라는 말씀에 있었다.

예수님께서 십자가에서 벗어나실 권능이 있으셨던 것처럼 우리도 자기 십자가를 내려놓을 힘이 있다는 것을 아는가? 우리도 마음만 먹으면 힘들고 고된 십자가를 내려놓을 수 있다. 실제로 많은 사람이 자기를 부인하는 것이 아니라 자기가 져야 할 십자가를 부인한다. 그렇다면 무엇이 자기 십자가를 지게 하는가? 그것은 바로 예수님을 향해 넘쳐흐르는 사랑과 예수님께서 부어주실 사랑을 향한 열정이다. 우리가 진실로 하나님께서 주시는 은혜와 영광을 귀하게 여긴다면, 주저 없이 십자가를 추구할 것이다. 오직 십자가만이 하나님께서 주시는 기쁨을 받는 길이다.

겟세마네 동산에서 예수님은 마음속으로 아버지께 이렇게 고백하셨을 것이다. "아버지, 제가 십자가를 지는 것이 아버지를 즐겁게 한다면 저는 그렇게 할 것입니다. 아버지를 기쁘게 하는 일이라면 무엇이든 할 것입니다!" 십자가는 아버지 하나님을 향한 아들 예수님의 열정적인 사랑을 나타낸다. 십자가는 우리에게 이렇게 외친다. "사랑을 위해서라면 그 어떤 것이라도 할 수 있다!"

세 번째 차원 : 세상을 향한 아버지의 사랑

십자가가 보여주는 세 번째 위대한 사랑은 세상을 향한 아버지의 사랑이다.

> 하나님께서 세상을 이처럼 사랑하셔서 외아들을 주셨으니, 이는 그를 믿는 사람마다 멸망하지 않고 영생을 얻게 하려는 것이다.
> (요 3:16)

당신을 향한 하나님의 사랑을 알고 싶다면 십자가를 바라보라. 십자가는 하나님 아버지께서 세상을 향해 말씀하시는 방법이다. "나는 이만큼 너를 사랑한단다!" 많은 사람이 하나님께서 세상을 싫어하신다고 단정한다. 그러나 하나님은 세상을 싫어하지 않으시고 오히려 세상을 향해 큰 사랑과 열정이 있으시다. 물론 하나님께서 세상의 악의적인 제도를 싫어하시는 것은 맞다. 그러나 세상 속의 사람들은 필사적으로 사랑하신다.

세상을 향한 하나님의 사랑이 얼마나 강렬한지는 아들 예수님을 향한 아버지의 맹렬한 사랑을 생각하면 더 잘 알 수 있다. "이는 내 사랑하는 아들이다. 나는 그를 사랑한다." 하나님 아버지는 예수님이 너무나 사랑스러워 정신을 차릴 수 없으시다! 하나님께 예수님과 비교할 수 있는 것은 아무것도 없다. 하나님은 하늘 법정에 강한 수행원을 많이 거느리시지만, 그중 누구도 아들 예수님의 지위와 특권을 누리지 못했다. 예수님은 모든 창조 질서 위에서 아버지의 가장 특별하고 영원한 사랑을 받는 분이시다.

하나님 아버지의 마음을 예수님께로 이끄는 사랑보다 더 위대한 힘은 이전에도 없었고 앞으로도 없을 것이다. 아들을 향한 아버지의 뜨거운 사랑에 비추어 질문해 보자. "그토록 독생자를 사랑하시는 아버지께서 왜 독생자를 십자가에 못 박고 인류의 죄를 향한 형벌을 쏟아부으셨는가?" 사랑하는 아들을 잔인하고 고통스러운 죽음에 처하게 하다니 상상할 수도 없는 일이 일어났다! 천상의 군대가 서로에게 질문한다. "도대체 왜 성부께서 독생자에게 이렇게 대하시지?"

"하나님께서 세상을 이토록 사랑하사." 이 한 문장에 답이 들어있다. 하나님께서 우리를 너무나 사랑하셔서 그 귀한 아들을 십자가에 못 박으시고 채찍질하고 죄를 향한 무한한 진노로 아들의 몸을 찢으셨다. 죄를 향한 아버지의 진노를 겪는 것은 너무나 끔찍하여 하나님 외에 누구도 그런 극도의 고통을 견딜 수 없었다. 나의 친구들이여, 누구도 하나님만큼 고난당하지 않았다. 예수님께서 겪으신 모든 고통은 하나님께서 우리를 아주 많이 사랑하시기 때문이다! 하나님께서 우리를 얼마나 사랑하시는지 세상에 가장 잘 표현하는 방법이 십자가다.

아버지는 죄의 진노가 사라질 때까지 아들에게 고난을 허락하셨다. 사랑하는 아들이 고난받는 동안 하나님께서 인내하실 수 있게 한 것은 우리다. 아들의 고통을 바라보며 몹시 고통스러운 순간마다 아버지는 스스로 되새기셨다. "우리는 인간의 구원을 위해 완전한 대가를 지불해야 한다. 나는 그들을 아주 많이 사랑한다." 갈보리의 참혹한 순간 아버지의 초점은 우리에게 있었다.

이 놀라운 상황을 이해할 수 있는 성경 이야기가 있다. 아브라함이 사랑하는 아들 이삭에게 칼을 들었을 때 어떤 느낌이었을까? 아브라함의 나이 100세, 사라의 나이 90세에 낳은 유일한 아들 이삭을 향해 칼을 내리꽂을 준비를 하는 아브라함의 마음은 마치 자기가 든 칼에 찔리듯 아팠을 것이다. 하나님은 아브라함과 이삭의 사건을 통해 우리가 아버지의 마음을 이해할 수 있도록 이 일을 계획하셨다. "이 그림은 내가 내 독생자를 죽이는 것이 어떤 일이었는지 너에게 살짝 알려주는 것이다."

하나의 고통은 더 큰 무언가를 얻을 때 견딜 수 있다. 아버지께서 이토록 큰 고통을 치를 만큼 가치 있는 것은 무엇이었을까? 바로 사랑하는 아들에게 선사할 아름다운 신부였다. 나는 아버지 하나님의 마음을 상상해 본다. "아들아, 견뎌라. 조금만 더 견뎌서 그 잔을 마지막 한 방울까지 마셔라. 그 잔은 그만한 가치가 있다! 나는 너를 위해 신부를 준비 중이다. 신부는 아주 아름답고 사랑스러운 존재다. 신부는 너의 마음을 이해하는 동역자로서 너와 한마음 한뜻이 되며 모든 면에서 너의 마음에 들 것이다. 또 신부는 내가 너를 사랑한 것같이 너를 사랑하고 너의 마음을 황홀케 할 것이다. 신부를 위해 너는 이 짧은 고통의 시간을 견딜 가치가 있다. 너는 죽음까지 인내해야 한단다."

하나님 아버지는 사랑하는 아들을 위해 아낌없이 사랑을 베푸시고 헌신하신다. 아버지는 아들을 위해 예비 된 신부를 생각하며 갈보리에서 고통당하는 아들 예수님의 아픔을 견디셨다. 아버지는 십자가를 통해 사랑하는 아들에게 줄 수 있는 가장 큰 영광을 준비하셨다. 아버지는 아들이 고난받는 동안 신부의 마음에 아들을 향한 사랑이 일어나는 것을 보았다. 아버지께서 원하시는 것은 사랑하는 아들에게 합당한 사랑이 부어지는 것이다. 아버지는 아들이 합당한 사랑과 예배를 받을 수 있는 영광스러운 방법을 찾으셨고 이렇게 말씀하셨다, "아들아, 나를 믿어라, 고통을 견딜 만한 가치가 있다. 아름다운 신부는 너의 마음을 감동시킬 뿐만 아니라 영원한 사랑으로 너를 사랑할 것이다! 나를 믿어라 아들아, 그만한 가치가 있다!"

십자가는 이렇게 외친다. "사랑을 위해서라면 어떤 것이라도 감당할 것이다." 인류를 향한 질문은 이것이다. "당신은 하나님을 사랑할 것입니까?" 이 질문은 단순히 "당신은 하나님을 믿을 것입니까?"가 아니다. 마귀들도 믿고 떤다. 부활하신 예수님께서 베드로를 찾아오셔서 하신 질문을 기억하는가? "너는 나를 사랑하느냐?" 이 질문에 우리는 자신의 마음과 영혼을 깊이 성찰하고 대답해야 한다.

사람들은 복음의 유익을 세상의 기준으로 분석하여 예수님이 하나님의 아들이라고 믿을 만한 합리적인 근거를 찾아내려고 한다. 그러나 예수님은 합리적 근거를 위해 십자가를 지신 것이 아니라 사랑을 위해 십자가를 지셨다. 그러므로 예수님은 우리가 강압적인 분위기나 이유가 아닌 자유의지를 통해 자발적으로 사랑을 드리기 원하신다.

"**십자가**의 목적은 하나님께서 신부를 향한 사랑을 나타내심으로써 신부의 마음에 사랑의 불꽃을 일으키는 것이다. 그래서 그리스도의 신부는 십자가를 통해 하나님께 나아간다."

3장 십자가 : 사랑으로의 초대
THE CROSS : INVITATION TO LOVE

열정의 절정

우리는 이전에 경험했던 사건과 상황의 중요성을 당시에 느꼈던 감정을 따라 평가한다. 그래서 삶의 최고 순간은 가장 즐겁거나 기쁜 시간이었으며 가장 보잘것없는 시간은 고통스럽고 슬프고 힘든 순간이라는 고점과 저점으로 기억한다. 특히 극한 감정이 결부된 사건은 언제나 우리 기억에 깊이 남는다. 마찬가지로 하나님께도 영원히 극한 감정으로 기억되는 일이 있는데, 바로 십자가 사건이다. 하나님의 마음에서 십자가의 참혹하고 생생한 기억은 가장 작은 조각 하나도 잊히지 않는다. 그리스도께서 모든 인류의 죄를 향한 하나님 아버지의 진노를 담당하셨을 때, 아들을 향한 아버지의 마음이 얼마나 비통하고 아프셨을지 우리는 짐작조차 할 수 없다. 그래서 십자가는 하나님의 마음에 남은 가장 깊은 고통이다.

하나님은 그리스도께서 십자가에 달리셨던 6시간 동안 무기력하게 십자가를 관망하셨던 것이 아니라 폭발적인 열정으로 십자가를 주목하셨으며 오늘날도 그렇다. 십자가의 모든 기억은 하나님의 열정을 무한대로 끌어올려서 우리를 향한 하나님의 마음이 얼마나 강력한지 표현한다. 하나님은 무감각한 그리스도인과 다르시다. 삼위일체 하나님은 상한 마음으로 부르짖는 그리스도인을 찾으시며 아무 감흥 없이 지루하게 사는, 아무런 연민도 없고 심지어는 금욕적이기까지 한 그리스도인들과 관계가 없으시다. 십자가는 하나님께서 사랑하시는 사람들에게서 자유롭게 넘쳐흐르는 감사와 사랑으로 가득한 반응을 요구한다. 하나님은 진실로 감정을 소중하게 여기신다.

사랑의 궁극적 표현

만일 예수님을 향한 당신의 열정을 새롭게 일으키기 원한다면 십자가를 보라. 십자가는 하나님께서 우리를 향해 "나는 너를 사랑한다"라고 말씀하시는 가장 명확하고 열정적인 방법이며 다른 설명이 필요 없이 그 자체로 하나님의 사랑을 나타낸다. 당신이 하나님의 사랑이 생생하게 기록된 십자가와 예수님의 고난을 바라볼 때, 그 마음이 이전과 다르게 충만하고 깊은 사랑으로 각성되어 뜨거운 사랑의 물결에 휩쓸릴 것이다.

우리는 각자 자기의 십자가를 지고 예수님을 쫓아야 한다. 예수께서 직접 십자가를 지고 우리를 부르심으로써 우리가 모든 것을 다해 하나님을 사랑하도록 초청하신다. "내가 너를 사랑하는 것처럼 네가 나를 사랑할 수 있는 길로 초대한다. 네가 십자가를 지는 것은 내가 너에게 쏟아붓는 그 사랑을 나에게 돌려줄 기회를 주는 거란다."

우리가 자기 십자가를 질 때 예수님의 놀라운 사랑에 화답하는 관계로 들어간다. 그래서 십자가는 지금까지 경험한 어떤 관계와도 비교할 수 없는 놀라운 사랑에 연결되는 사랑의 초대이다. 나는 하나님의 사랑에 내 마음을 열기 원한다. 십자가는 뜨거운 하나님의 사랑에 화답하는 최고의 방법이다.

예수님께서 "네 십자가를 지고 나를 따르라" 말씀하실 때, 우리는 가끔 사람이 생각할 수 있는 가장 소름 끼치고 지루한 생활 방식을 상상하곤 한다. 하지만 오히려 그 반대로 그리스도의 명령을 따라 우리가 십자가를 질 때, 이전까지 경험한 세상의 어떤 사랑보다 숭고하고 놀라운 사랑으로 들어 간다. 십자가를 통해 충만한 삶, 진짜 삶을 느껴라. 십자가의 부르심은 두렵고 피해야 하는 것이 아니다. 십자가는 실재하고, 사람이 누릴 수 있는 가장 신나고 풍성한 것이다. 십자가를 지신 예수님을 따라 자기 십자가를 질 때, 당신은 모든 것을 잃는 것 같지만 실제로는 모든 것을 얻는다!

놀라운 제안

부자 청년이 예수님을 찾아 왔다. 이 신실한 젊은이는 살면서 계명을 충실히 지켰지만, 자신의 영적 생활에 공허함을 느꼈고 어떻게 해야 영생을 얻을 수 있는지 궁금했다.

17 예수께서 길을 떠나시는데, 한 사람이 달려와서, 그 앞에 무릎을 꿇고 그에게 물었다. "선하신 선생님, 내가 영원한 생명을 얻으려면, 무엇을 해야 합니까?" 18 예수께서 그에게 말씀하셨다. "어찌하여 너는 나를 선하다고 하느냐? 하나님 한 분 밖에는 선한 분이 없다. 19 너는 계명을 알고 있을 것이다. '살인하지 말아라, 간음하지 말아라, 도둑질하지 말아라, 거짓으로 증언하지 말아라, 속여서 빼앗지 말아라, 네 부모를 공경하여라' 하지 않았느냐?" 20 그가 예수께 말하였다. "선생님, 나는 이 모든 것을 어려서부터 다 지켰습니다." 21 예수께서 그를 눈여겨보시고, 사랑스럽게 여기셨다. 그리고 그에게 말씀하셨다. "너에게는 한 가지 부족한 것이 있다. 가서, 네가 가진 것을 다 팔아서, 가난한 사람들에게 주어라. 그리하면, 네가 하늘에서 보화를 차지하게 될 것이다. 그리고, 와서, 나를 따라라." 22 그러나 그는 이 말씀 때문에, 울상을 짓고, 근심하면서 떠나갔다. 그에게는 재산이 많았기 때문이다. (막 10:17~22)

성경기자는 우리에게 말한다, "예수께서 그를 눈여겨보시고, 사랑스럽게 여기셨다." 예수님은 부자 청년을 향해 사랑하는 마음으로 말씀하셨다. 이 영원한 사랑의 말씀은 무엇인가?

그러자 예수께서 그를 처다보시고 사랑하시며 그에게 말씀하시기를 "너에게 한 가지 부족한 것이 있으니, 가서 네가 가진 것은 무엇이든지 팔아 가난한 사람들에게 주라. 그리하면 하늘에 있는 보물을 가지게 되리니 그런 후에 와서 십자가를 지고 나를 따르라."고 하시더라. (막 10:21, 한글 킹제임스 성경)

예수님의 말씀에 우리는 본능적으로 이렇게 반응한다. "뭐라고요? 가진 재산을 모두 팔라는 게 어떻게 사랑입니까?" 우리의 자아는 십자가를 지고 제자가 되라는 그리스도의 부르심에 극도로 민감해져서 예수님께서 우리에게 화가 나서 말씀하신다고 생각한다. 이렇게 말이다. "내가 죽어야 한다면, 너도 죽어야 해." 하지만 이런 잘못된 상상은 부자 청년을 향한 그리스도의 진실한 사랑과 거리가 멀다. 우리는 예수님의 십자가 초청이 사랑에 기초한 사랑으로의 초대라는 점을 항상 잊는다. 부자 청년을 향한 예수님의 말씀을 사랑의 관점으로 보자. "네가 기꺼이 모든 것을 내려놓으면, 나와 더 깊은 사랑의 관계로 들어갈 거야."

예수님은 부자 청년을 너무 사랑하셔서 자신과 사랑의 관계를 맺을 수 있도록 제자도의 길을 열어주셨다. 자기 부인과 제자도의 부르심은 우리의 모든 소망과 꿈을 뛰어넘는 깊은 사랑의 관계로 우리를 초대한다. 하지만 부자 청년은 예수님의 말씀을 듣고 슬픈 표정으로 자리를 떠났다. 어쩌면 청년은 예수님께서 자기에게 형편없는 거래를 제시했다고 생각했을지도 모른다. 당신이 예수님께서 부자 청년에게 하신 말씀의 핵심을 바르게 이해했다면, 부자 청년의 거절은 인생 최대의 실수임을 알 것이다.

예를 들어, 멕시코 빈민가에 사는 한 노숙인이 뉴욕시가 발행한 복권에 당첨되었다고 생각해 보자. 노숙인은 천만 달러를 받기 위해 미국으로 가야 한다는 말을 듣고 이렇게 외친다. "뭐라고? 내 고향을 떠나야 한다고? 지금 내 이웃과 친구들에게서 떠나야 한다고 말하는 거요? 난 여기서 자랐고 내 가족과 친구도 모두 여기 있어요. 내가 아는 모든 것이 여기 있단 말입니다. 치러야 할 대가가 너무 크네요. 나는 가지 않을 겁니다." 결국, 이 노숙자는 복권 협회가 자신에게서 가장 중요한 고향과 친구를 빼앗으려 한다는 착각에 빠져 상금 천만 달러를 거절한다.

이 예화가 부자 청년의 선택을 보여준다. 예수님께서 부자 청년에게 절호의 기회를 주셨지만, 부자 청년은 예수님께서 자신의 것을 빼앗으려 한다는 오해에 빠져 그 기회를 놓쳐 버렸다. 예수님은 영원한 사랑으로 우리에게 모든 세상사를 던져버리고 자기의 십자가를 지고 따라오라 말씀하신다. 예수님의 말씀에 순종할 때 우리는 상상치 못했던 놀라운 유익을 발견한다. 우리를 향한 예수님의 십자가 초대는 우리를 괴롭히려는 것이 아니라 사랑의 초대다. 우리가 예수님의 십자가 부르심에 순종할 때 하나님과 영원한 사랑의 여정을 시작할 수 있다.

열렬한 사랑의 교환

예수님께서 원하시는 신부는 불같은 열정으로 사랑하는 신부인 것을 기억하면서 요한계시록 3장, 라오디게아 교회에 보내는 편지를 보자. 이것은 성경 전체에서 가장 섬뜩한 구절이다.

> 15 나는 네 행위를 안다. 너는 차지도 않고, 뜨겁지도 않다. 네가 차든지 뜨겁든지 하면 좋겠다. 16 네가 이렇게 미지근하여, 뜨겁지도 않고 차지도 않으니, 나는 너를 내 입에서 뱉어 버리겠다.
>
> (계 3:15~16)

많은 신자가 겉으로는 아니지만, 속으로 이렇게 반응한다. "주님, 설마 정말 우리를 밀어내지는 않으시겠죠?" 성도의 미지근함을 향한 그리스도의 단호함은 충분히 우리의 마음을 서늘하게 한다. 그러나 나는 죽음도 끌 수 없이 격렬하게 타오르는 불같은 하나님의 사랑을 십자가에서 본다. 오, 연약하고 부족한 사랑을 외면하지 않으시고 나를 위해 피 흘린 채 고난 당하시는 그리스도의 불같은 사랑이 얼마나 놀라운가! 언제까지 십자가에 달리신 예수님의 불타는 사랑을 보고도 다른 대상을 찾아 애정을 쏟기 위해 두리번거릴 텐가? 우리를 향한 예수님의 놀라운 사랑을 맛본 후에도, 무의미하며 생기 없는 세상의 사랑으로 또다시 되돌아갈 것인가? 나의 대답은 분명하다. "아니다!" 예수님께서 사랑의 질투로 불타 이글거리는 눈으로 선포하신다. "그런 사랑은 아주 불쾌하다. 내 입에서 뱉어버리겠다."

그리스도를 알아 가기

당신이 진실로 예수님을 알기 원한다면 먼저 십자가를 바라보라. 십자가는 예수님을 알 수 있는 유일한 방법이다.

> 내가 바라는 것은, 그리스도를 알고, 그분의 부활의 능력을 깨닫고, 그분의 고난에 동참하여, 그분의 죽으심을 본받는 것입니다.
>
> (빌 3:10)

사실 모든 신자가 예수님을 더 알고 싶어 하면서도 할 수만 있으면 자아를 보존할 수 있는 길을 찾는다. 하지만 안타깝게도 그런 방법은 존재하지 않는다. 예수님을 더 아는 길은 오직 하나, 십자가뿐이다. 우리는 십자가를 지신 예수님보다 오천 명을 먹이시고 병든 자를 치유하시며 물 위를 걸으시고 죽은 나사로를 일으키신 예수님의 모습을 훨씬 기분 좋게 받아들인다. 그러나 사랑의 하나님의 본질을 정확하게 묘사하는 것은 십자가뿐이다.

> 그리고 예수께서 모든 사람에게 말씀하셨다. "나를 따라오려는 사람은, 자기를 부인하고, 날마다 자기 십자가를 지고, 나를 따라오너라."
> (눅 9:23)

예수님은 자기 십자가를 지고 따라오는 사람에게 자신을 보여주신다. 당신이 정말 예수님을 알기 원한다면 아무런 희생과 대가도 치르지 않으려는 태도를 버리고 자기 십자가를 지고 온 마음을 다해 예수님을 따르라. 세상에서 가장 유명한 신학교에서 가장 탁월한 신학자들이 연구한다고 해서, 혹은 세상과 고립된 채 깊은 묵상과 고행에 빠진다고 해서 그리스도를 아는 것이 아니다. 예수님의 십자가 고난에 동참할 때, 십자가에 못 박히신 그리스도를 알 수 있다. 예수님을 십자가에 못 박히신 그리스도로 알기 위해 당신은 자기 십자가를 지고 주님과 함께 못 박혀야 한다. 우리가 십자가를 지는 이유는 이것이다. "나는 정말 예수님을 알기 원합니다!"

4장 죽음을 받아들이다
Embracing Death

불편한 십자가

온 이스라엘에서 예수님의 인지도가 최고조에 달했을 때, 한눈에 알 수 있는 변화가 일어났다. 이스라엘의 많은 사람이 예수님을 놀라운 선지자라고 생각했기 때문에 예수님께서 가는 곳마다 사람들이 몰려들었다. 이때 베드로는 예수님께 고백한다. "당신은 그리스도이십니다!" 예수님께서 베드로의 고백을 인정하시자 제자들은 순식간에 자기들이 물려받을 자리를 기대하며 보이지 않는 경쟁을 벌였다. 이때, 예수님은 그것을 아시고 즉시 분위기와 사역의 방향을 돌리셨다.

21 그 때부터 예수께서는, 자기가 반드시 예루살렘에 올라가야 하며, 장로들과 대제사장들과 율법학자들에게 많은 고난을 받고 죽임을 당

해야 하며, 사흘째 되는 날에 살아나야 한다는 것을, 제자들에게 밝히기 시작하셨다. 22 이에 베드로가 예수를 따로 붙들고 "주님, 안됩니다. 절대로 이런 일이 주님께 일어나서는 안됩니다" 하고 말하면서 예수께 대들었다. 23 그러나 예수께서는 돌아서서, 베드로에게 말씀하셨다. "사탄아, 내 뒤로 물러가라. 너는 나에게 걸림돌이다. 너는 하나님의 일을 생각하지 않고, 사람의 일만 생각하는구나!" (마 16:21~23)

이 말씀을 하시기 전까지 예수님은 십자가와 고난을 전혀 다루지 않으셨는데, 이 말씀 이후 몇 번이고 이 주제를 반복하셨다. 그리고 놀랍게도 예수님께서 십자가를 말씀하기 시작하자 온 이스라엘을 달구던 예수님의 명성이 급격히 식었다. 제자들은 예수님의 폭탄선언을 도저히 이해할 수 없었다. 예수님의 인기가 급중하는 찰나에 이스라엘의 심장부 예루살렘에서 스스로 죽으실 것을 말씀하시다니, 제자들의 은밀한 욕심이 이루어지려면 십자가는 절대 일어나서는 안 되는 일이었다. 제자들은 속으로 이렇게 생각했다. "뭐야, 이야기가 이렇게 흘러가면 안 되는데…"

베드로는 예수님의 말씀에 큰 충격을 받고 반문한다. "주님, 그렇게 말씀하지 마세요. 그런 일은 절대 일어나서는 안 됩니다!" 그러자 예수님께서 베드로에게 다시 반문하시는데, 말씀의 요점은 이것이다. "고난 외의 그 어떤 대안도 나를 불쾌하게 할 뿐이다." 예수님께는 십자가 외에 다른 대안이 없었다. 그러나 우리는 예수님과 정반대로 자기 십자가를 지고 겪어야 할 고난을 정말 싫어할 뿐만 아니라 십자가를 대체할 편안한 대안을 적극적으로 환영한다. 왜 그럴까? 아직은 우리가 예수님과 함께 고난받는 사람에게 주어지는 놀라운 사랑의 관계를 깨닫지 못했기 때문이다.

십자가의 지혜

고난받는 사람들이여, 눈을 들어 십자가를 바라보라. 참된 위로를 받을 것이다. 이 세상에 누구도 불편한 마음으로 입술을 삐쭉 내밀고 예수 그리스도보다 자기가 더 많이 고난받았다고 말할 수 있는 사람은 없다. 그만큼 십자가는 가혹하고 고통스러운 형벌이었으며, 예수님께서 당신을 위해 그 십자가를 감당하셨다. 십자가는 외롭게 고통받는 모든 사람에게 소망을 주고, 모든 장벽을 초월하여 어린아이라도 십자가를 통해 예수님께서 자신을 얼마나 사랑하시는지 깨닫게 한다. 인생에서 일어나는 고난은 우리에게 십자가를 알려준다. 당신이 고난을 받을 때 위로를 위해 그리스도의 십자가를 바라보는 것은 본능적인 반응이며 우리의 시선을 십자가에 고정할 때 괴로움은 사라진다.

죽음의 기름부음

우리는 십자가가 언제, 어떻게 우리의 삶에 다가올지 선택할 수 없다. 주님께서 주권적으로 우리의 삶을 이전보다 높은 계획으로 이끄실 때 자아와 야망, 쾌락, 사람의 칭찬, 세상 유혹 등을 내려놓게 되며, 십자가의 죽음을 받아들일 때 삶에 새로운 기름부음이 임한다.

"여러분 안에 이 마음을 품으십시오. 그것은 곧 그리스도 예수의 마음이기도 합니다. 자기를 낮추시고, 죽기까지 순종하셨으니, 곧 십자가에 죽기까지 하셨습니다" (빌 2:5,8)

사실 우리는 자아로 가득 차 있으므로 단지 죽겠다는 결단만으로 십자가를 질 수 없으며 우리 안에 계신 성령님께서 우리가 십자가를 더 원하도록 부르짖는 마음을 주셔서 기도하게 하실 때, 이 기도의 응답으로 십자가를 질 수 있다. 십자가를 바라보는 당신이여, 준비하라. 죽음보다 더 고통스러운 것은 없지만 예수님께서 죽음 이후 가져오실 영광이 죽음보다 훨씬 더 귀하다.

3 예수께서 베다니에서 나병 환자였던 시몬의 집에 머무실 때에, 음식을 잡수시고 계시는데, 한 여자가 매우 값진 순수한 나드 향유 한 옥합을 가지고 와서, 그 옥합을 깨뜨리고, 향유를 예수의 머리에 부었다. 4 그런데 몇몇 사람이 화를 내면서 자기들끼리 말하였다. "어찌하여 향유를 이렇게 허비하는가? 5 이 향유는 삼백 데나리온 이상에 팔아서, 그 돈을 가난한 사람들에게 줄 수 있었겠다!" 그리고는 그 여자를 나무랐다. 6 그러나 예수께서 말씀하셨다. "가만두어라. 왜 그를 괴롭히느냐? 그는 내게 아름다운 일을 했다. 7 가난한 사람들은 늘 너희와 함께 있으니, 언제든지 너희가 하려고만 하면, 그들을 도울 수 있다. 그러나 나는 언제나 너희와 함께 있는 것이 아니다. 8 이 여자는, 자기가 할 수 있는 일을 하였다. 곧 내 몸에 향유를 부어서, 내 장례를 위하여 할 일을 미리 한 셈이다." (막 14:3~8)

마리아의 이야기는 우리에게 십자가의 죽음을 받아들일 때 임하는 위대한 기름부음을 알려준다. 예수님은 마리아를 통해 죽음을 예비하는 기름부음 받으셨다. 마리아가 예수님께 드린 향유는 성령님의 기름부음을 의미한다. 우리가 십자가를 온전히 받아들여 그리스도의 죽음에 동참할 때 성령님의 기름부음이 우리에게 임한다. 역설적으로 죽음이 역사하는 곳에 더 큰 기름부음이 임한다. 우리의 내면이 자아로 가득할 때 성령님의 기름부음은 줄어든다. 사실 죽음이 우리 안에 역사하지 않으면 더 깊은 차원의 기름부음이 역사할 수 없다. 만일 당신의 자아가 죽는다면 하나님께서 기름부으실 것이다. 바울은 자신의 사도적 부르심이 죽음을 향한 더 큰 부르심인 것을 깨닫고 이렇게 말했다.

> 그리하여 죽음은 우리에게서 작용하고, 생명은 여러분에게서 작용합니다. (고후 4:12)

부르심이 높을수록 죽음도 크다. 우리는 십자가를 힘든 것으로 생각하지만, 십자가의 죽음을 통과한 사람들에게만 그리스도의 부활에 담긴 생명의 능력과 기름부음이 부어진다.

고린도 교회

바울이 경험한 죽음은 대부분 고린도전서에 기록되어 있다. 왜 바울이 고린도 교회 성도들에게 죽음이라는 주제를 알려주려고 했는지 이해하려면 고린도 교인들이 처했던 어려움을 이해해야 한다. 초대 교회 중에서 고린도 교회는 다른 교회가 받았던 큰 박해와 다르게 많은 자유를 누렸다. 하지만 다른 초대 교회처럼 고린도 교회도 감당해야 하는 박해가 있었는데, 비슷한 시기의 다른 초대 교회들이 받았던 핍박과 환란이 아니라 쾌락주의에 빠진 사회 그 자체가 고린도 교회의 박해였다.

고린도 지역은 "당신의 마음에 든다면 하고 싶은 대로 하라"는 사고방식으로 가득 차서 쾌락을 좇고, 흥미로운 것은 무엇이든 할 수 있었다. 고린도 교회의 성도들은 신앙의 압박보다는 상대적으로 너그럽고 자유로운 분위기 속에서 급속히 성장했으며 그들의 예배는 아주 강력했다. 만일 당신이 고린도 교회의 집회에 방문한다면, 다음과 같은 역동적 측면을 발견했을 것이다.

1. 고린도 교회 성도는 "강한 신자 STRONG BELIEVERS" 들 이었다.(고전 4:10)
2. 예언, 치유, 기적을 포함한 많은 영적 은사가 활발히 일어났다.(고전 1:7)
3. 훌륭한 가르침이 풍성했으며(고전 1:12). 누가 최고의 교사인지 논쟁할 정도로 뛰어난 교사가 많았다.
4. 교회 전체가 큰 번영을 누렸다.(고전 4:8, 그러나 바울은 고린도에 있는 동안 단 한 번도 헌금을 받지 않았다)
5. 고린도 교회의 성도들은 사람들에게 관대하고 자비로웠고 (고전 5:1~2) 심지어는 다른 복음을 가진 교사를 용납할 정도로 모든 사람을 환영했다.(고후 11:4)

6. 교회는 신학적으로 건전했고 전통과 실제에 정통했다.(고전 11:2)

7. 교회 안에서 개인의 표현을 상당히 자유롭게 했다.(고전 11:21, 14:26)

8. 하나님의 임재가 명백하게 있어서 모임의 분위기에 활력이 넘쳤다.(고전 4:12)

9. 아주 열정적이었다.(고후 7:11, 9:2)

10. 공동 예배가 최우선 순위였으며 고린도 교회의 요청에 따라 바울은 다른 어떤 교회보다 고린도 교회에 더 많은 회중 예배 원리를 가르쳤다.

신약 성경에 나오는 모든 교회 중에서 고린도 교회는 미국 교회와 가장 닮은 모습일 것이다. 그러므로 고린도 교회에 보내는 바울의 메시지는 특별히 미국 교회를 향한 메시지와 관련이 깊다.

미국을 향한 메시지

미국이여 들으라, 고린도전서와 후서에 집중하라! 고린도전·후서는 그 자체로 미국에 던지는 강력한 도전이다. "죽음의 신학"은 바울의 다른 서신에도 나오지만, 고린도서만큼 빈번하고 강력하지는 않다. 고린도서의 죽음은 로마서가 다루는 죄를 향한 죽음이 아니라 하나님 나라의 확장과 복음 전파를 위해 좋은 것, 평범한 것, 건강한 것을 향한 죽음이다. 데살로니가 사람들은 이미 극한 박해와 많은 죽음을 겪었기 때문에 바울이 따로 죽음을 설명할 필요가 없었다. 그러나 바울은 즐겁고 평화로우며 자유롭고 활기찬 교회 생활을 누리던 부유한 고린도 교회 성도들에게 죽음의 메시지를 보냈다. 고린도서에서 바울의 죽음 신학이 나오는 구절은 다음과 같다.

8 여러분은 벌써 배가 불렀습니다. 벌써 부자가 되었습니다. 우리를 제쳐놓고 왕이나 된 듯이 행세하였습니다. 여러분이 진정 왕처럼 되었으면, 좋겠습니다. 그렇게 하여 우리도 여러분과 함께 왕노릇 하게 되면 좋겠습니다. 9 내가 생각하기에, 하나님께서는 사도들인 우리를 마치 사형수처럼 세상에서 가장 보잘것없는 사람들로 내놓으셨습니다. 우리는 세계와 천사들과 사람들에게 구경거리가 된 것입니다. (고전 4:8~9)

형제자매 여러분, 나는 감히 단언합니다. 나는 날마다 죽습니다! 이것은 우리 주 예수 그리스도께서 여러분에게 하신 그 일로 내가 여러분을 자랑스럽게 여기는 것만큼이나 확실한 것입니다. (고전 15:31)

8 형제자매 여러분, 우리가 아시아에서 당한 환난을 여러분이 알기를 바랍니다. 우리는 힘에 겹게 너무 짓눌려서, 마침내 살 희망마저 잃을 지경에 이르렀습니다. 9 우리는 이미 죽음을 선고받은 몸이라고 느꼈습니다. 그렇게 된 것은, 우리 자신을 의지하지 않고 죽은 사람을 살리시는 하나님을 의지하게 하기 위함이었습니다. 10 하나님께서는 이렇게 위험한 죽음의 고비에서 우리를 건져 주셨고, 지금도

건져 주십니다. 또 앞으로도 건져 주시리라는 희망을 우리는 하나
님께 두었습니다. (고후 1:8~10)

이름 없는 사람 같으나 유명하고, 죽는 사람 같으나, 보십시오, 살아
있습니다. 징벌을 받는 사람 같으나 죽임을 당하는 데까지는 이르
지 않고 (고후 6:9)

이 말씀에 나오는 죽음의 메시지가 현대를 사는 미국 기독교
인의 마음을 사로잡기 바란다. 바울은 이렇게 말한다. "당신은 재
정적으로 부유하고 많은 것을 배웠으며 이미 삶에서 많은 것을 누
리고 있습니다. 당신과 우리 사도들의 차이점은 당신이 그리스도
안에서 부유함을 누리는 동안 우리 사도들은 매일 죽음을 경험한
다는 것입니다. 복음을 아직 듣지 못한 사람이 이렇게 많은데, 당
신은 그리스도 안에서 자기 안위만 누릴 것입니까? 내 친구여, 지
금은 더 좋은 삶과 생명을 추구할 때가 아니라 그리스도를 위해
목숨을 바쳐야 할 때입니다."

"그러므로 나는 여러분에게 권합니다. 여러분은 나를 본받는 사람
이 되십시오." (고전 4:16)

내가 처음 이 권면을 들었을 때, 바울보다 너무나 보잘것없는
내 모습에 무척 실망한 기억이 난다. 마치 죄를 짓기도 전에 유죄
선고를 받은 느낌이었다.

우리는 바로 이 시각까지도 주리고, 목마르고, 헐벗고, 얻어맞고, 정처 없이 떠돌아다닙니다. (고전 4:11)

내 삶이 이 말씀을 따르려면 어떻게 해야 할까? 답은 분명하다. 그리스도의 십자가 부르심을 철저히 받아들여야 한다. 기억하라, 복음을 위해 삶과 생명을 바치는 것보다 그리스도를 향한 우리의 불타는 사랑을 더 훌륭하게 표현할 다른 방법은 없다.

"우리가 십자가를 온전히 받아들여 그리스도의 죽음에 동참할 때 성령님의 기름부음이 우리에게 임한다. 역설적으로 죽음이 역사하는 곳에 더 큰 기름부음이 임한다. 우리의 내면이 자아로 가득할 때 성령님의 기름부음은 줄어든다."

5장 예수님의 고난에 참여하다
Sharing In His Sufferings

고난 받기 원하다

빌립보서 3:10을 다시 보자.

내가 바라는 것은, 그리스도를 알고, 그분의 부활의 능력을 깨닫고, 그분의 고난에 동참하여, 그분의 죽으심을 본받는 것입니다. (빌 3:10)

"그분의 고난에 동참하여"의 의미는 "나는 고난 받기 원한다"라는 것이다. "내가 그리스도와 부활의 권능을 알기 원하는 만큼 그리스도의 고난도 함께 나누기를 원합니다." 사람들은 바울에게 이렇게 묻고 싶어 한다. "바울, 왜 당신은 고난받고 싶은 건가요? 혹시 고통을 즐기시는 겁니까?" 바울은 이렇게 답할 것이다. "오, 절대 아닙니다. 나는 고통을 즐기지 않습니다. 나의 즐거움은 고통이 아니라 오직 주님뿐입니다. 나는 주님을 더욱 알기 원합니다. 주님을 아는 유일한 길은 주님께서 받으신 고난에 동참하여 그 죽으심을 본받는 것임을 깨달았습니다."

바울은 세상의 고난(일반적인 고통, 어려움)이 아니라 "그리스도의 고난"에 참여하는 열망을 말한다. "고난아, 내게 덤벼라! 내가 겪겠다! 어서 시작하자!" 바울이 자학적이었던 것이 아니라 그리스도를 더 잘 알기 원하는 강력한 갈망이 그 마음에 있었기 때문이다. "주님, 주님의 뜻이라면 기꺼이 고난받겠습니다." 바울은 놀라운 그리스도의 사랑을 많이 깨달았지만, 아직 자신이 알지 못하는 더 많은 계시가 있음을 깨닫고 이렇게 고백한다. "나는 주님의 사랑을 더 알고 누리기 위해 십자가에 못 박힌 삶을 향해 달려갈 것입니다." 바울은 자신의 목숨을 포기할 만큼 하나님을 향한 사랑에 중독되었다. 내 귓가에 바울 사도의 외침이 들린다. "나는 그리스도의 사랑을 얻기 위해서 어떤 것이라도 하겠다!"

우리 삶의 목표는 주님께서 감당하신 십자가에 더욱 가까워지는 것이다. 십자가에 달려 피투성이가 된 예수님을 바라보라. 하지만 우리는 예수님이 아니라 바라바를 더 닮았다. 예수님은 십자가를 지셨지만 우리는 바라바처럼 죽음에서 풀려나 거리에서 자유를 만끽하며 깃발을 흔들고 외치며 노래한다. "죽음의 가시가 사라졌도다!" 물론 바라바의 자유와 믿음으로 구원받은 우리의 자유는 다르다. 우리 마음에는 예수님께 되돌아 왔던 사마리아의 나병 환자처럼 예수님의 고난에 기꺼이 참여할 만한 충분한 감사와 사랑이 있는가?

나는 신앙생활 초기에 십자가를 바르게 이해하기 어려웠다. 영접과 구원이라는 과정을 통과하면서 자연스럽게 그리스도께서 십자가를 지신 것은 오직 대속을 위해서이며, 그리스도께서 고난 받으셨기 때문에 우리는 고난 받을 필요가 없다고 생각했다. 이 생각의 절반은 맞다. 분명히 십자가 구원은 온전한 대속을 위한 것이다. 왜냐하면, 우리가 그리스도를 믿을 때 예수님께서 우리를 대신해서 십자가를 지셨기 때문이다. 하지만 예수님께서 우리를 십자가의 고난에서 면제하신 적은 없으시며 오히려 우리가 십자가의 사랑에 이끌리어 우리 각자의 십자가를 지면서 그리스도의 고난에 동참하도록 초대하신다.

예수님을 진정으로 사랑하는 성도는 예수님의 사랑만 원하는 것이 아니라 예수님의 십자가도 질 수 있어야 한다. 참된 신부는 십자가를 보고 이렇게 말하지 않는다. "예수님께서 고난받으셨으니 나는 고난 받을 필요가 없네요. 정말 감사합니다!" 참된 신부는 십자가를 보고 이렇게 말한다. "오, 주님, 제가 어떻게 하면 당신의 십자가를 나누어질 수 있을까요? 어떻게 하면 주님의 고통에 참여할 수 있을까요? 제가 주님의 십자가를 함께 질 방법을 알려주세요, 저는 주님의 생명뿐만 아니라 죽음의 동역자도 되기 원합니다. 주님은 저의 신랑이십니다. 하나님 아버지께서 예수님께 맡기신 모든 영역에 저도 함께하기 원합니다."

우리가 십자가를 피하는 이유는 단순하다. 어리석기 때문이다. 우리는 어떤 종류든 고통이라면 피하려고 애쓰지만, 정확히 무엇으로부터 도망쳐야 하는지도 잘 모르며, 십자가를 통해 얻는 놀라운 사랑도 잘 이해하지 못한다. 십자가는 하나님께서 우리에게 주시는 가장 값진 제안이며 예수님께서 우리를 사랑하시는 것처럼 우리도 예수님을 사랑할 절호의 기회다. 십자가를 지기 전에 당신은 하나님의 사랑을 안다고 생각했겠지만, 십자가를 지는 순간 하나님의 사랑을 몰랐음을 깨달을 것이다. 자기 십자가를 지는 사람에게 죽임당하신 어린양으로부터 사랑의 강물이 흘러간다.

자, 이제 주님께서 우리에게 물으신다. "네가 나를 위하여 십자가를 지겠느냐?, 네가 나를 그토록 사랑한다면 십자가의 고난을 견딜 것이냐?" 십자가의 고난에서 나오지 않는 사랑으로는 어린 양의 마음을 감동시킬 수 없다. 예수님께서 산상수훈을 통해 박해받는 사람을 위한 하늘의 상이 크다고 분명히 말씀하셨음에도 왜 우리는 그토록 박해를 싫어하고 거부하는가? 왜 우리는 십자가의 길이 아닌 가장 쉬운 길을 찾는가?

이유는 우리가 하나님의 가치를 왜곡해서 이해하기 때문이다. 값진 것은 그만큼 대가가 따름에도 우리는 좀 더 쉽고 편하게 정상에 오르기를 원한다. 분명히 성경에 박해받는 사람을 위한 큰 상이 기록되어 있다 해도 비난과 거절을 향한 두려움 때문에 이웃에게 복음을 증거 하지 않는다. 우리는 작은 편안함 때문에 큰 보상이 따르는 말씀의 순종을 피하고 있다.

고난을 통해 순종을 배우다

히브리서는 예수님을 이렇게 표현한다 :

8 그는 아드님이시지만, 고난을 당하심으로써 순종을 배우셨습니다. 9 그리고 완전하게 되신 뒤에, 자기에게 순종하는 모든 사람에게 영원한 구원의 근원이 되시고 (히 5:8~9)

많은 사람이 순종의 길을 가지 않는 이유는 순종에 따르는 고난을 피하고 싶기 때문이다. 순종의 길은 고통스럽다. 고난을 피하려고 순종의 길을 가지 않는 사람들은 자신이 피하는 고난이 사실 위대한 성취의 길이라는 것을 모른다. 예수님은 완전하셨지만, 사람의 아들로서 순종을 배우셨다. 이 땅에 오시기 전에 사람으로 사신 적이 없으셨던 예수님께서 사람이 순종하는 것이 어떤 의미인지 겸손하게 배우셨다. 그러나 예수님께서 순종을 배우셨다는 사실이 예수님이 완전하지 않았음을 의미하지 않는다. 예수님은 아기였을 때도, 어른이었을 때도 언제나 완전하셨으며 고난을 받으실 때조차 완전하셨다.

신약에 기록된 "순종"이라는 단어는 헬라어 합성어로서 "아래에서 듣는다"라는 의미이다. 순종은 그냥 듣는 것이 아니다. 참된 순종은 순복하는 자세를 가지고 그 대상의 아래에서 듣는 것이다. 그래서 어떤 위치에 있는가가 순종에서 중요하다. 불순종하는 대부분의 이유는 내가 그 대상보다 높거나 비슷하다고 여기기 때문이다. 우리는 삶을 하나님의 통치 아래 두고 하나님으로부터 듣는 모든 것에 자신을 순복해야 한다. 참된 순종은 시키는 대로만 하는 것이 아니라 하나님의 권위 아래 들어가는 것이다.

예수님은 순종의 성경적 의미를 완벽하게 아셨다. 예수님은 아버지의 뜻에 자신을 철저하게 드리셨고 완전히 순복하는 자세로 아버지께서 말씀하시는 모든 것을 듣고 순종하셨다. 예수님의 순종은 하나님 나라의 중요한 원칙인 "실패를 통해서만 순종을 배우는 것은 아니다"라는 것을 알려준다. 예수님은 순종을 배우셨기 때문에 한 번도 실패하지 않으셨다. 내가 이것을 처음 깨달았을 때 정말 흥분되었다. 이전까지 나는 실수해야만 배울 수 있다고 생각했는데, 이것은 내 삶을 억누르는 거짓이자 반쪽짜리 진실이었다. 이제 나는 아버지께 순복하면 실패할 필요 없이 하나님의 음성에 순종할 수 있다는 것을 깨달았다. 하나님 나라 중심으로 사는 삶의 열쇠는 낮은 자세로 하나님의 음성을 듣고 순종하는 것이다. 이것이 지금 이 순간 성령님께서 우리에게 "들으라!"라고 외치시는 이유다.

순종은 고난을 낳는다

순종은 우주에서 가장 안전하며 동시에 가장 위험하다. 우리가 그리스도를 따를 때 하나님의 뜻 안에 있으므로 안전하지만 동시에 많은 장애물과 도전을 만나며, 때로는 아픔과 상처를 경험하기도 한다. 열정적으로 거룩한 삶을 사는 성도들은 "전능자의 그늘 아래"(시편 91:1)를 피난처로 삼는다. 이것은 시편 91편의 고통스러운 딜레마인데, 우리가 전능자의 그늘 아래 피하면 종종 가장 고통스러운 일이 삶에 찾아와서 마치 우리가 주님을 열정적으로 추구할수록 원수들이 우리를 더 많이 공격하는 것처럼 느껴진다. 그래서 예수님은 미리 우리에게 사람들이 예수님을 미워하기 때문에 우리도 미워할 것이라고 경고해 주셨다. 그리스도께 가까이 가면 갈수록 우리는 세상에서 더 많은 증오를 경험한다.

지존자의 은밀한 곳에 거하는 사람은 번거롭고 힘든 상황을 점점 더 많이 만나는 것처럼 보인다. 이것은 외적인 조건으로만 보면 사실이다. 그러나 지존자의 은밀한 곳에 거하는 사람은 외적인 조건을 따라 살지 않고 성령님을 따라 산다. 그러므로 겉으로는 몸과 영혼이 괴롭힘과 박해에 시달리는 것 같지만 성도의 영혼은 모든 상처를 초월하는 전능자의 그늘에서 보호받는다. 이 진리는 성경 속 인물들의 삶에서 확인할 수 있다.

먼저 모세를 보자. 하나님의 뜻을 따라 이스라엘 민족을 이끌었을 때 애굽의 바로와 동족 이스라엘로부터 많은 공격을 받았다. 다윗을 보자. 이스라엘의 왕이 되는 부르심에 순종했을 때 사울과 그 군대의 공격은 더 맹렬해졌다. 예수님을 보자. 십자가를 향해 신실히 걸어가셨을 때 원수의 발악이 극렬해졌다.

안타깝게도 많은 성도가 목숨을 구하고자 세상의 멸시와 고통을 피하려고 하는데, 사실은 멸시와 고통을 피한 것이 아니라 전능자의 그늘이라는 첫사랑을 버린 것임을 깨닫지 못한다. 표면적인 안전을 위해 고통을 피하므로 배척과 증오는 덜 받았을지 모르지만, 전능자의 그늘이라는 피난처를 잃어버렸다. 그러나 참된 성도는 외부의 공격이 심해질수록 "나를 숨겨주소서!"라고 외치고 성령님께서 그를 더 큰 영적 평안과 위로의 자리로 이끄신다. 이것은 성도의 마음에 예수님을 향한 더 큰 열정으로 불을 지피며 동시에 성도를 괴롭히는 세상이 분노하도록 불을 지핀다.

자, 이제 결정을 내리자. 당신의 삶을 버리고 지존자의 은밀한 곳을 추구하라. 그것이 십자가의 길이다.

십자가 : 영광으로 가는 길

하나님 아버지와 성령님은 죽기까지 순종하신 어린 양 예수님을 우주의 중심으로 세우셨다. 기억하자, 예수님께서 우주와 세상의 중심이시며 하나님 아버지께 영광 돌리는 유일한 길은 그가 보내신 예수님을 경외하는 것이다. 나는 영원의 어느 한 지점에서 하나님 아버지께서 구원의 계획을 세우시며 예수님께 이렇게 말씀하시지 않았을까 생각한다. "아들아, 네가 어린 양이 되면 믿기 힘들 정도의 엄청난 고통과 수모를 받을 거야. 하지만 고난 후에는 이 우주가 지금껏 보지 못했던 큰 영광, 그 무엇과도 비교할 수 없는 영광을 네가 받게 될 것이다."

하나님 아버지께서 예수님과 모든 것을 공유하셨기 때문에 아버지의 영광은 예수님의 것이었다. 그런데 이미 예수님께서 받은 것보다 더 큰 영광이 있을까? 아버지 하나님께서 말씀하신 더 큰 영광은 바로 신부 된 성도들을 의미한다. 그리스도의 십자가 순종이 어린 양의 신부이자 어린양의 영광을 위해 창조된 성도들 때문이라는 것이 믿어지는가? 예수님께 옳은 것은 우리에게도 옳다. 가장 큰 영광은 십자가를 받아들이는 사람들에게만 열려 있다. 예수님은 아버지의 사랑과 영광을 위해 고통을 감수하셨다. 기꺼이 죽음의 고난을 감수하신 예수님께 우리는 어떤 영광을 돌릴 수 있을까! 이 땅의 누구도 그리스도께서 겪으신 고통을 알지 못한다.

예수님은 자기와 관계를 맺고, 기쁨을 나누며, 십자가의 고통을 함께할 신부를 찾으신다. 당신은 진실로 그리스도를 닮기 원하는가? 그렇다면 그리스도께서 지신 십자가를 받아들여라. 우리가 하늘 아버지 앞에 두 손 들어 자기 계획과 의지를 포기하고 십자가에 순종할 때, 아버지께서 주시는 잔을 받는다. 이 "내려놓음의 과정"을 통과하는 사람들이 예수 그리스도의 신부가 되어 빛을 발할 것이다. 신학과 지식적 접근만으로는 결코 십자가를 알 수 없다. 만일 당신이 "주님, 제게 십자가를 보여주시고 깨닫게 하소서"라고 기도했다면, 이 기도는 당신이 생각한 것 이상으로 매우 위험한 기도다. 왜냐하면, 예수님은 십자가를 우리의 지식으로 깨닫게 하지 않으시고 우리 내면과 삶의 자리에서 경험하게 하시기 때문이다. 십자가는 경험으로 배운다.

"예수께서 그들에게 말씀하셨다. 나의 양식은, 나를 보내신 분의 뜻을 행하고, 그분의 일을 이루는 것이다."(요 4:34)라고 말씀하셨을 때, 예수님께서 이루셔야 하는 하나님 아버지의 일은 십자가를 의미했다. 예수님은 십자가에서 고난받으시고 목마르셨음에도 불구하고 보여 주신 순종으로 이렇게 말씀하셨다. "십자가가 내 양식이다. 내 생명은 내 삶을 내려놓는 이 십자가에 있다. 십자가가 내 아버지의 뜻이다." 우리가 감당하는 고난이 우리의 양식이 되는 것이 진정으로 영광스러운 십자가의 성취다. "하나님 아버지, 아버지의 뜻이라면 가장 고통스럽고 어려운 이 길을 기꺼이 가겠습니다. 당신의 뜻이 저의 생명이며 당신의 뜻이 저를 살게 합니다."

십자가에 못박힌 사랑하는 연인

예수님께서 십자가를 지실 때 항상 누리셨던 아버지의 친밀한 임재가 사라졌고, 예수님께서 친히 섬겼던 사람들이 악의에 가득 차 예수님을 고문하고 죽음에 이르게 했다. 예수님은 우리 죄의 형벌인 십자가를 지심으로 하나님의 진노를 당하시면서도 계속해서 아버지 하나님을 사랑하셨다! 죄 없으신 예수님께서 고난을 받으셨고, 십자가를 지실 때도 오직 아버지를 사랑하셨다. 그리스도의 신부가 십자가를 지고 살면서 때로 억울한 고난을 겪을 때, 신부가 할 수 있는 것은 오직 주님을 더 사랑하는 것뿐이다.

예수님께서 지신 가혹한 십자가 고난의 끝에는 그리스도를 위한 신부가 준비되어 있었다. 하나님은 신부를 바라보시며 보좌 우편 예수님께 말씀하신다, "아들아, 신부는 나에게 너를 떠올리게 하는구나. 신부가 진 저 십자가가 바로 네가 감당했던 그 십자가다. 네가 고통 중에도 나를 사랑한 것처럼 신부도 나를 사랑한단다." 예수님께서 말씀하신다, "아버지, 이제 알겠습니다. 나를 따라 십자가를 진 사람들이 바로 아버지께서 약속하신 신부입니다. 신부는 함께 영원을 누리는 나의 짝이 될 것입니다. 아버지, 신부는 진실로 아름답습니다!" 아버지께서 대답하신다. "맞다, 나의 아들아. 신부는 진실로 아름답다, 네가 십자가를 질 때 내 마음은 정말 감격했다. 그 어떤 것도 너의 십자가처럼 내 마음을 감동시키지 못할 것이다. 이제 너의 고난에 동참하는 신부를 보니 내 마음이 다시 한번 감격스럽구나. 신부는 참으로 놀라운 존재다. 아들아 내가 너를 사랑하는 만큼, 신부도 너를 사랑한다!"

하나님의 불같은 사랑

3부

마음의 동기

SECTION THREE
MOTIVATIONS OF THE HEART

6장 마음의 동기를 깨끗케 하다
PURIFIED HEART MOTIVATIONS

하나님께서 성도들을 "불같은 과정"으로 이끄시는 이유는 이것을 통해 성도들의 마음속 깊은 곳에 숨겨진 은밀한 동기가 깨끗해지기 때문이다. 하나님은 우리가 믿음의 결과로 얻은 성취와 수고의 열매로 사는 삶이 아닌 하나님을 사랑하기 때문에 사는 삶을 원하신다. 사람의 동기는 잉태되는 순간부터 다양한 요인을 통해 형성되며 사람이 제아무리 열심히 노력해도 행동의 근원인 동기를 바꾸는 데는 한계가 있다. 결국 사람의 존재에 깊이 뿌리박힌 동기는 오직 하나님만 바꾸실 수 있다.

하나님은 우리가 무엇을 하는가보다 왜 하는지에 더 관심을 가지신다. 심지어는 그것이 하나님을 섬기는 것이어도 말이다. 순전한 행동만이 아니라 순전한 동기를 찾으시는 하나님께서 우리 삶에 하나님의 사랑의 불을 적용하시면 아이러니하게도 그 뜨거운 사랑이 위기와 고통과 고난의 형태로 찾아온다. 우리가 살면서 하나님을 섬긴 동기는 앞으로 받을 영원한 상급과 연관이 있으므로 마음의 동기를 정화하는 것은 아주 중요하다. 우리는 하나님을 위해 큰 업적을 세울 수 있지만, 만일 그 업적의 동기가 사랑이 아니라면 아무런 유익이 없다. 우리에게는 아주 불편한 사실이지만 고통과 고난은 하나님께서 우리를 정화하시고 변화시켜 예수님을 더 닮게 하시려고 고안하신 사랑의 도구다.

> 22 "그 날에 많은 사람이 나에게 말하기를 '주님, 주님, 우리가 주님의 이름으로 예언을 하고, 주님의 이름으로 귀신을 쫓아내고, 또 주님의 이름으로 많은 기적을 행하지 않았습니까?' 할 것이다. 23 그 때에 내가 그들에게 분명히 말할 것이다. '나는 너희를 도무지 알지 못한다. 불법을 행하는 자들아, 내게서 물러가라.'" (마 7:22~23)

예레미야 17:9~10은 사람의 마음이 극히 부정하다고 말한다. 우리는 자기 마음을 잘 모른다는 것을 솔직하게 인정할 필요가 있다. 하나님은 사람의 마음을 살피시고 "모든 사람에게 그가 살면서 행한 결과대로 갚아 주실 것이다."

> 9 "만물보다 더 거짓되고 아주 썩은 것은 사람의 마음이니, 누가 그 속을 알 수 있습니까?" 10 "각 사람의 마음을 살피고, 심장을 감찰하며, 각 사람의 행실과 행동에 따라 보상하는 이는 바로 나 주다."
> (렘 17:9~10)

누구나 살다 보면 스스로 꽤 영적인 사람이라고 느껴지는 순간이 있다. 그럴 때 하나님은 우리 마음 한구석을 들추어내셔서 숨겨진 진짜 동기를 보여주신다. 그러면 우리는 "웩! 주님, 도대체 이 흉측한 게 어디서 왔죠?"라고 말할 수밖에 없다. 우리는 자주 스스로 많이 성장한 것처럼 느끼고 대견해 하지만 아직 우리 마음에 드러나지 않은 연약함이 많이 남아있다는 것을 기억하자.

사랑의 하나님께서 그 사랑으로 우리의 마음속 동기를 정화하시는 헌신의 자리로 이끄신다. 하나님께서 내 삶에 뜨거운 사랑의 불을 부어 주셨을 때, 나는 삶을 변화시키는 네 가지 마음의 동기가 있음을 깨달았다. 당신이 이 네 가지 마음의 동기를 살펴보면서 지금 하나님께서 당신의 삶에 역사하시는 영역이 무엇인지 깨닫기를 바란다.

하나님은 우리가 하는 모든 것이 다음 네 가지 마음의 동기에서 시작되기를 원하신다.

"나는 하나님과 함께 있기 원합니다."
"나는 하나님을 알기 원합니다."
"나는 하나님을 기쁘게 해드리기 원합니다."
"나는 하나님께 영광 드리기 원합니다."

"**하나님**께서 성도들을 "불같은 과정"으로 이끄시는 이유는 이것을 통해 성도들의 마음속 깊은 곳의 동기가 깨끗해지기 때문이다. 하나님은 우리가 믿음의 결과로 얻은 성취와 수고의 열매로 사는 삶이 아닌 하나님을 사랑하기 때문에 사는 삶을 원하신다."

7장 나는 하나님과 함께 있기 원합니다
I WANT TO BE WITH HIM

"주님, 저는 당신이 어디에 계시든 함께 있고 싶습니다!" 이것이 우리를 움직이는 첫 번째 열정이다. 참된 그리스도인에게는 어린양 되신 예수님께서 어디에 계시든 함께 하려는 열정이 있다. "오 주님, 나는 당신과 함께 있고 싶습니다!" 이 외침이 우리 영혼에서 나올 때 한 가지 특별한 점을 발견한다. 하나님은 언제나 움직이는 분이라는 것이다.

성경은 일관되게 예수님의 역동적인 특징을 묘사한다. 아가서는 예수님을 "산을 넘고 언덕을 넘어서 달려오는구나(아 2:8)"라고 묘사한다. 성경에서 "산"은 주로 큰 장애물(막 11:23)과 사람의 권세(사 2:2)의 두 가지 의미를 나타낸다. 아가서의 구절은 우리 주님께서 타락한 세상이 주는 모든 도전과 문제 위에 계신다고 묘사한다. 승리하신 우리 주님은 열방을 다스리는 왕이시다!

아가서에 나오는 예수님의 모습은 요한계시록에서 백마를 타고 열방을 다스리시는 모습으로 더욱 강화된다.(계 6:2, 19:11) 예수님은 복음으로 열방을 다스리시며 사랑으로 사람들의 마음을 정복하신다. 예수님의 일관된 역동적인 모습은 복음서를 통해 더욱 분명해진다. 복음서에서 예수님은 이 마을에서 저 마을로 다니면서 많은 시간을 길 위에서 복음을 듣지 못한 사람들에게 복음을 전하셨다. 사실, 예수님의 제자가 되려면 몸이 튼튼하고 건강할 필요가 있었다. 우리가 "주님, 저는 당신을 따라 주님 계신 곳에 함께 있기 원합니다."라고 기도할 때, 그리스도 안에 머물기 위해서 단지 가만히 있는 것이 아니라 오히려 일어나 주님과 보조를 맞춰야 한다. 예수님의 마음은 세상의 잃어버린 영혼을 향하기 때문에 만일 우리가 기도 골방에만 머물면 주님과 함께하기 어렵다. 당신이 주님과 함께 있길 원한다면, 세상 사람의 영적 갈급함을 채우기 위해 역사하시는 주님과 함께 움직여야 한다.

바울의 동기

바울은 빌립보서 3장에서 자신의 마음의 동기를 나누었다.

13 형제자매 여러분, 나는 아직 그것을 붙들었다고 생각하지 않습니다. 내가 하는 일은 오직 한 가지입니다. 뒤에 있는 것은 잊어버리고, 앞에 있는 것을 향하여 몸을 내밀면서, 14 그리스도 예수 안에서, 하나님께서 위로부터 부르신 그 부르심의 상을 받으려고, 목표점을 바라보고 달려가고 있습니다. (빌3:13~14)

나는 바울이 태어날 때부터 활동적인 성향을 타고난, 항상 220V 전기에 연결된 것처럼 쉴 새 없이 나라를 다니며 복음을 전하는 활동적인 삶, 영적인 흥분으로 가득한 삶을 살지 않았을까 생각하곤 했다. 그러나 바울의 고백은 우리의 인간적인 추측과 상관없이 바울을 움직인 실체가 무엇인지 이해하게끔 도와준다. 우리는 쉽게 바울의 열정적인 전도 동력이 "그리스도 예수 안에서, 하나님께서 '밖으로' 부르신 부르심"일 것으로 추측하지만 바울을 움직인 진짜 동기는 인간적인 활력이 아니라 "그리스도 예수 안에서, 하나님께서 위로부터 부르신 부르심" 때문이라고 말한다.

바울은 이렇게 고백한다. "나는 위로부터 부르시는 하나님의 부르심을 받았습니다. 그리스도께서는 내게 더 높은 차원의 관계로 올라오라고 명령하십니다. 하나님은 내가 하나님을 이전보다 더 잘 알도록 부르십니다. 그런데, 나는 한가지 특별한 것을 발견했습니다. 그리스도를 더 잘 알고, 더 함께 있길 원하는 갈망은 골방에서 성취되지 않는다는 것입니다. 나는 예수님께서 끊임없이 열방을 향해 일하시는 것을 깨달았습니다. 그러므로 내가 주님 곁에 머물려면 주님과 함께 움직여야 합니다."

바울의 동기는 여유롭게 이곳저곳을 다니며 세계 여행을 즐기는 것이 아니라 사랑하는 주님과 함께 있기 원하는 강력한 절박함이었기 때문에 배를 타고 풍랑 치는 바다를 건너거나 거친 길을 걸어도 아무런 문제가 되지 않았다. 바울의 간절한 동기는 그저 예수님과 함께 하는 것이었다.

친밀함 VS 사역 성취

하나님께서 친히 우리의 마음을 살펴보시며 우리 안에 "산들을 뛰어넘도록" 움직이는 동기가 무엇인지 드러내서 완전히 변화시키신다. 하나님은 우리에게 이렇게 물으신다, "혹시 지금 내 이름으로 너의 업적을 쌓는 데 치중하는 거니?" 육신을 입은 사람은 누구든지 자신의 노력으로 하나님 나라를 위한 실제적인 결과가 나타나면 자연스럽게 뿌듯함을 느낀다. 우리의 사역을 통해 누군가 구원과 치유를 받고 자유롭게 될 때, 우리는 얼마나 의기양양해지는가? 누군가 우리의 수고에 감사를 표현할 때 우리 마음은 얼마나 훈훈해지는가? 하지만 여기에서 멈춘다면 아무리 좋은 사역이라도 순수하지 못한 동기로 변질될 수 있다.

예수님은 우리에게 이렇게 말씀하신다. "다른 것이 아닌 오직 나와 함께 하는 순전한 기쁨이 너의 동기가 되기를 원한다!" 우리가 그저 예수님과 함께 있기 원하며, 주님께서 하시는 일을 함께 하려고 주님을 섬긴다면 우리의 고백은 다음과 같아야 한다. "주 예수님, 오늘은 어디에 계신가요? 만일 예수님께서 일하신다면, 저도 일하기 원합니다. 만일 예수님께서 쉬신다면, 저도 쉬기 원합니다. 만일 예수님께서 내가 사는 지역의 사람들에게 역사하신다면, 저도 예수님과 함께 그 자리에 있기를 원합니다. 나는 단지 예수님을 사랑하기 때문에 주님께서 계신 곳에 있기 원합니다."

나는 여러분이 다음 비유를 잘 이해했으면 좋겠다. 만일 예수님께서 당신의 거실 소파 위에 누워 TV를 보신다면 당신도 그렇게 할 수 있어야 한다! 물론 예수님께서 사람처럼 소파에 누워 TV

를 보시지는 않지만, 그만큼 당신의 한계에 갇히지 말고 주님과 함께하기를 갈망해야 한다는 의미다. 우리의 책임은 예수님께서 계신 곳에 있으면서 그분이 하시는 일을 하는 것임에도 우리는 하나님의 축복을 소망하면서 빈틈없이 철저하게 계획을 짜서 사역에 부흥이 임하기를 기도한다. 하지만 먼저 계획하고 그다음 기도하는 것이 아니라, 먼저 기도하고 그다음 계획한다면 어떤 일이 일어날까? 우리가 사역이 아니라 먼저 주님을 찾고 주님께서 무엇을 하시는지 이해하여 그것을 한다면 어떤 일이 일어날까?

우리가 주님께서 역사하시는 일에 헌신한다면, 주님께서 우리의 수고에 축복해 주시기를 애원할 필요가 없다. 우리가 이미 주님께서 역사하시는 일에 함께한다면 당연히 축복이 임하기 때문이다. 나는 우리가 지난 모든 일 속에서 먼저 기도하고 행동했다면 지금까지 경험하지 못한 새로운 차원의 풍성한 열매를 맺었을 것이라고 생각한다. 이제라도 하나님께 우리의 기발한 아이디어를 축복해 주시길 기도하는 대신 하나님께서 행하시는 일이 무엇인지 깨닫는 마음을 달라고 기도하고 순종하자. 인간적인 사역은 절대 쉽지 않다. 그러나 당신의 동기가 예수님과 함께 있는 것이라면, 당신은 사람들의 필요를 섬기는 데 지치지 않고 추수 밭 한가운데서 주 예수님과 즐거운 교제를 나누며 새로운 힘을 얻을 것이다. 지금 이 선포로 당신의 마음을 채워라.

"주님, 저는 그저 당신과 함께 있기 원합니다."

"**먼저** 계획하고 그다음 기도하는 것이 아니라, 먼저 기도하고 그다음 계획한다면 어떤 일이 일어날까? 우리가 사역이 아니라 먼저 주님을 찾고 주님께서 무엇을 하시는지 이해하여 그것을 한다면 어떤 일이 일어날까?"

8장 나는 하나님을 알기 원합니다
I WANT TO KNOW HIM

내 마음의 첫 번째 동기는 하나님과 함께 있는 것이다. 내가 하나님과 함께 있고 싶은 이유는 단순하고 분명하다. 나의 두 번째 동기인 하나님을 더 알고 싶기 때문이다. 나는 "그리스도 안에는 모든 지혜와 지식의 보화가 감추어져 있으므로"(골 2:3) 하나님을 알기 원하며 많은 성도가 열정적으로 그리스도의 아름다운 얼굴을 추구한다. 참된 예배자는 그리스도를 더 알고자 갈망하는 사람들이다. 히브리서 3:3은 집을 짓는 사람이 그 집보다 더 큰 영광을 받는다고 말한다. 히브리서 저자는 우리에게 우주의 창조주께서 우주보다 더 큰 영광을 받으신다고 증거한다. 예수님은 그가 만드신 우주보다 더 영광스럽고 놀라우신 분이다! 과학으로 다 설명할 수 없는 놀라운 창조 섭리와 머나먼 은하계와 초신성을 생각해 보라. 얼마나 놀라운가? 그러나 이런 것보다 예수님의 얼굴이 훨씬 더 아름답고 놀랍다.

모세는 하나님을 알기 원했다

모세는 하나님께 이렇게 기도했다. "저에게 주님의 영광을 보여 주십시오."(출 33:18) 모세의 기도를 이해하기 위해 본문의 배경을 살펴보자. 성경에서 예수님을 제외하고 모세처럼 하나님의 영광을 자주 경험한 사람이 또 있을까?

1. 불타는 가시덤불을 봤다.
2. 지팡이가 뱀으로 변했고 손이 순식간에 나병에 걸렸다 온전해졌다.
3. 이집트에서 열 가지 재앙을 봤다.
4. 사람들이 갈라진 홍해의 마른 땅을 건너는 것과 보고 바로의 군대가 바다에 빠지는 것을 봤다.
5. 하나님의 영광이 시내 산에 임하는 것과 번개, 천둥, 짙은 구름, 귀를 찢을듯한 나팔 소리를 들었고, 산 전체가 흔들리며 용광로처럼 피어오르는 연기와 하나님의 명령으로 타오르는 산으로 올라갔다.
6. 산 위에서 40일간 하나님의 영광 안에 머문 후 내려와 두 번째 40일을 위해 산을 올랐다. 이때 하나님의 영광이 모세에게 완전하게 임해서 모세는 몰랐지만, 그의 얼굴이 하나님의 영광으로 빛났다. 그리고 모세는 기도한다. "주의 영광을 내게 보이소서."

나는 하나님께서 모세의 급진적인 기도를 싫어하지 않으셨다는 것이 놀라웠다. 만일 내가 하나님이었다면 이렇게 화냈을 것 같다. "이런 건방지고 배은망덕한 놈 같으니라고! 내가 너에게 영광을 그렇게 많이 보여줬는데 아직도 더 원한단 말이냐?" 하지만 하나님은 모세의 요청을 기뻐하셨다. 모세는 이미 자신의 삶에서 어느 누구보다 많이 하나님의 영광을 경험했지만 더 원했고, 하나님은 이런 모세의 마음을 기뻐하셨다. 모세의 최우선 순위는 하나님을 알기 원하는 것이었으며 하나님은 모세의 갈망에 넘치도록 응답하셨다. 하나님은 오늘도 여전히 하나님을 구하는 자들에게 응답하시기 원하신다.

하나님을 알자!

주님은 호세아 선지자를 통해 말씀하셨다. "내 백성이 나를 알지 못하여 망한다."(호 4:6) 교회에 하나님을 아는 지식이 없어서 큰 가난과 파멸이 들어왔는데, 여기서 말하는 지식의 부족은 단순히 성경 지식의 부족이 아니다. 본문의 문맥(특히 1절)을 보면, 호세아는 "하나님을 아는 지식"을 말하며 하나님은 "너희가 나를 모르기 때문에 궁핍해졌다"라고 말씀하신다. 오, 하나님을 아는 것이 얼마나 큰 축복인지!

> 그뿐만 아니라, 내 주 예수 그리스도를 아는 지식이 가장 고귀하므로, 나는 그 밖의 모든 것을 해로 여깁니다. 나는 그리스도 때문에 모든 것을 잃었고, 그 모든 것을 오물로 여깁니다. 나는 그리스도를 얻고, (빌 3:8)

하나님을 아는 것은 바울의 마음을 사로잡은 큰 열정이었다. 바울은 그리스도의 얼굴에서 비추는 하나님의 영광스러운 계시의 기쁨을 맛보았으며, 앞으로 받아야 할 예수 그리스도의 계시가 무한하다는 것을 깨달았다. 이전 구절에서 바울은 자기를 소개할 때 히브리인 중의 히브리인이요 율법으로는 바리새인이라며 세상에서 얻은 성취를 나열했지만, 이제는 자신의 성취와 그리스도를 얻는 영광을 비교하면서 "배설물"이라고 부른다. "그리스도인이 되기 위해 내가 포기했던 것이요? 말도 꺼내지 마세요. 그건 쓰레기요 배설물일 뿐입니다. 내가 예수 그리스도를 알아가면서 얻은 영광에 비교하면 세상의 성취는 아무것도 아닙니다."

비교할 수 없는 기쁨

사람에게 가장 영광스러운 순간은 예수 그리스도의 계시를 깨닫는 순간이다. 당신에게 하나님의 영광이 임하고 성령님으로 충만해질 때, 그리스도의 신선한 계시가 당신의 영혼을 확장시키며 세상과 비교할 수 없는 큰 기쁨을 준다. 기억하라, 하나님을 깨달아 아는 것 외의 다른 모든 추구는 값싼 대체물일 뿐이다. 진실로 우리는 그리스도를 알도록 창조되었다. 그러나 세상 사람들은 모든 기쁨과 즐거움의 근원이 하나님이신 줄은 꿈에도 모른 채 값싼 세상의 기쁨에 취해 살아간다. 그러나 우리는 하나님의 영원한 사랑의 샘물을 마음껏 마시도록 초청받았다.

온 땅과 하늘 위에 주님 같은 분이 없으시므로 나는 주님을 더 알기 원한다! 하나님의 경이로움과 탁월함은 무엇과도 비교할 수 없다. 하나님께서 말씀하셨다. "나 외에 다른 신이 또 있느냐? 다른 반석은 없다. 내가 알기로는 전혀 없다."(사 44:8) 하나님은 우리를 사랑 그 자체이신 하나님만 바라보도록 초청하신다. 예수님은 놀라울 정도로 아름다우시다. 참으로 인격적이신 예수님의 순전한 아름다움은 우리가 "하나님의 영광"이라고 부르는 분위기를 뿜어낸다. 하나님의 영광은 하나님의 임재에서 비추는 광채이며 보좌에 앉으신 하나님의 순전한 빛에서 뿜어져 나오는 생명의 힘이다. 이렇게 놀라운 영광마저도 하나님 자신과 비교할 수 없다. 우리가 믿는 하나님은 얼마나 놀라우신 분인가?

하나님의 본질

"하나님의 속성 중 가장 근원적인 것은 무엇인가?" 누군가는 이렇게 대답할 것이다. "하나님의 속성의 핵심은 사랑입니다." 그러나 하나님의 가장 근원적인 속성이 사랑이라고 말할 때 많은 문제에 봉착한다. 우선 많은 사람이 사랑이신 하나님께서 어떻게 죄인을 심판하시는지 이해하지 못한다. "사랑의 하나님께서 어떻게 사람들을 지옥에 보내실 수 있어요?" 안타깝게도 이런 질문을 하는 사람들은 하나님께서 사랑이실 뿐만 아니라 동시에 거룩하시다는 것을 이해하지 못한다. 또 다른 누군가는 이렇게 주장할 것이다. "그래, 하나님의 가장 근원적인 특징은 거룩함이야." 맞다. 이것 역시 틀리지 않으며 나도 그렇게 생각했었다.

지금 내가 생각하는 하나님의 근원적인 속성은 "하나님의 아름다움"이다. 하나님의 다른 모든 특징이 하나님의 아름다움에서 나온다. 이것은 곧 하나님의 속성에 포함된 모든 것이 아름답다는 의미이기도 하다. 시편 96:9를 보자. "거룩한 옷을 입고, 주님께 경배하여라. 온 땅아, 그 앞에서 떨어라.(IN THE BEAUTY OF HOLINESS 거룩한 아름다움 속에 계시는 - 역자 주)" 이 말씀은 하나님의 거룩하심의 근원이 아름다움임을 알려준다. 다윗이 주님의 아름다움을 보기 원한다고 고백하는 것은(시 27:4) 하나님의 진정한 본질을 보고 싶다고 고백하는 것이다.

모든 것이 아름다우신 분

아버지 하나님은 예수님을 높이시고 예수님 안에 모든 아름다움이 있다고 하셨다. 하나님께서 아름답다고 말씀하시면 아름다운 것이다. 하지만 죄는 사람이 참된 아름다움을 알아보지 못하게 만들었다. 그래서 거듭났다는 것은 하나님의 아름다움을 알아보도록 일깨워진 상태를 말한다. 예수님은 모든 순간마다 아름다움 그 자체이셨다. 심지어 십자가를 지고 고통당하실 때도 예수님은 하나님께 드려지는 아름다운 희생 제사였다. 당신이 주 예수님으로 옷 입을 때(골 3:12) 하나님의 거룩함으로 옷 입는 것이다. 예수님은 성도가 거룩한 삶이라는 옷을 입기를 원하신다. 사람은 주목받고 싶어 하는 원초적 갈망이 있다. 이것은 믿는 사람에게도 마찬가지여서 신자는 예수님께 아름답고 매력적인 사람이 되어 주목받기 원한다.

모세가 출애굽기에서 영광을 갈망한 고백이 시편 90편에 기록되어 있다.

주 우리 하나님의 아름다움이 우리에게 있게 하소서. 주께서는 우리 손의 행사를 견고히 세우소서, 정녕, 주께서는 우리 손의 행사를 견고히 세우소서. (시 90:17, 한글킹제임스)

우리는 완전한 사랑이시며 아름다움 그 자체이신 하나님의 영광을 알아가는 거룩한 관계로 초대받았다. 이 땅에서 나의 모든 노력과 헌신의 동기는 이것이다. "주님 나는 당신을 알기 원합니다!"

섬김 속의 친밀함

하나님을 섬기는 삶의 보상은 큰 사역 성취가 아니라 하나님을 더 깊이 아는 것이다. 우리가 적극적인 자세로 섬기는 삶을 살 때, 주님은 우리에게 새로운 계시를 주신다. 당신이 추수 밭이라는 사역의 일선에서 예수님과 동행하기 전에는 알 수 없는 하나님의 새로운 차원이 있다. 그러므로 당신이 정말 하나님을 더 알기 원한다면 사역 일선에서 예수님과 함께 추수를 기다리는 사람들을 섬겨라. 당신이 예수님과 함께 추수할 때 인류를 향한 하나님의 사랑을 깨달으며, 예수님의 자녀들이 하나님께 돌아올 때 감격으로 가득 찬 하나님의 반짝이는 눈을 볼 것이다.

예수님을 멀리서 바라보는 사람들도 은혜를 받지만, 추수 밭에서 예수님 곁에 함께 하는 사람에게는 하나님의 아름다움의 계시라는 특별한 은혜가 부어진다. 하나님은 예수님께서 관심 가지시는 것을 자신의 관심으로 삼은 사람들에게 풍성하시다.

우리는 강력한 열정으로 세상으로 나아가 사람들을 섬겨야 한다. 하지만 우리의 섬김에 사랑이 없다면, 그 동기와 목적이 변질될 수 있다. 주님의 몸된 교회가 빛을 발하지 못하는 이유는 하나님을 뜨겁게 사랑하지 않기 때문이다. 세상을 향한 예수님의 증인이 되기 원하는 갈망은 하나님을 향해 가지는 사랑과 비례한다.

하나님을 뜨겁게 사랑하지 않고 사람들을 섬길 생각도 없는 성도들의 진짜 문제는 하나님과 사람들에게 거절당할까 봐 두려운 것이 아니라, 주님을 더 알고 싶지도 않고 충만한 사랑을 누리고 싶지도 않은 **영적인 무관심**이다. 당신은 주님의 마음이 어디로 향하는지, 무엇을 원하시는지 관심 가져본 적이 있는가? 우리가 뜨거운 마음으로 그리스도를 알기 원할 때 비로소 "열방으로 나아가라"라는 하나님의 명령에 순종할 수 있다.

우리는 교회 안의 성도들을 사랑하는 만큼 하나님께서 부르시는 죄인들도 사랑해야 한다. 하나님은 마지막 때 교회를 위해 충만한 사랑의 불세례를 남겨두셨으며, 이 사랑을 통해 교회는 잃어버린 양들을 향한 열정으로 불타오를 것이다. 하나님의 사랑의 불은 사람의 반응이 아니라 하나님의 사랑을 통해 역사하기 때문에 아무리 힘든 고난과 거절과 박해가 와도 성도 안에 있는 잃어버린 양을 향한 하나님의 사랑의 불을 끌 수 없다.

아마 당신은 바다 한가운데 세워진 거대한 시추선에서 활활 불타는 유정^{OILWELL}을 본적이 있을 것이다. 당신 안에 하나님을 알기 원하는 마음이 강할수록 그 내면은 마치 불타는 유정처럼 하나님의 사랑으로 끝없이 타오른다. 당신이 하나님을 알기 원할수록 그 불은 더 강렬해지며 일단 하나님의 사랑의 불이 붙으면 당신의 힘으로 끌 수 없다. 사람들의 반응에 좌우되는 복음 전도의 노력은 흐지부지되겠지만 하나님의 사랑으로 타오르는 복음 전도의 열정은 사람이나 마귀의 방해에도 줄어들지 않는다.

그리스도의 갈망

예수님은 십자가 고난을 앞에 두시고 제자들 앞에서 영혼 가장 깊은 곳에서 우러나오는 기도를 하나님께 드리셨다.

> 아버지, 아버지께서 내게 주신 사람들도, 내가 있는 곳에 나와 함께 있게 하여 주시고, 창세 전부터 아버지께서 나를 사랑하셔서 내게 주신 내 영광을, 그들도 보게 하여 주시기를 빕니다. (요 17:24)

예수님께서 제자들 앞에서 이 기도를 하신 이유는 이 기도를 제자들이 듣고 예수님의 마음을 알기 원하셨기 때문이다. 삼위일체이신 예수님께서 하나님 아버지께 겸손히 마음의 소원을 올려드리는 기도에서 "빕니다"라는 표현에 집중해 보자. "빕니다^{DESIRE}에 해당하는 헬라어는 "델로^{THELO}"인데, '결정하다, 긍정적 선택을 내린다'라는 의미를 나타내며 함축된 뜻은 의도하다, 원하다, 갈망하다이다. 이 단어는 갈망과 목적을 표현하기 때문에 대개 흠정역 성경에서는 "WILL"로 번역된다. 이 기도 후 예수님은 겟세마네 동산으로 가셔서 아버지의 뜻을 준비하며 이렇게 기도하셨다. "내 뜻^{THELO}[의지, 갈망, 목적]대로 하지 마시고 아버지의 뜻^{THELO}

대로 해주십시오." (마 26:39) 이 기도는 하나님 아버지의 뜻에 절대적으로 순복하는 기도였다. 하나님 아버지의 뜻^{THELO}은 예수님께서 십자가에 못 박히시는 것이었으며 예수님은 아버지의 뜻에 기꺼이 순종하셨다.

예수님은 전적으로 아버지의 뜻을 따르셨다. 그런데 앞서 본 요한복음 17장에서는 아버지의 뜻만 아니라 자신의 뜻^{THELO}도 분명하게 표현하셨다. "아버지, 제 안에 뜨겁게 타오르는 갈망이 있습니다. 제자들이 제가 있는 곳에 함께 있게 하시고 제자들이 저의 영광을 보게 하소서." 예수님의 마음에 있는 두 가지 주된 동기는 우리가 예수님과 함께 있는 것과 우리가 예수님을 알고 예수님의 영광을 보기 원하는 것이다. 앞서 본 마음의 두 가지 동기와 같다.

이 땅의 신부가 "주님, 당신과 함께 있기 원합니다"라고 부르짖을 때 천국의 신랑은 "나는 네가 나와 함께 있기 원한다"라고 대답하시며 이 땅의 신부가 간절함으로 "오, 주님 저는 당신을 알고 당신의 영광 보기를 원합니다"라고 외칠 때 천국의 신랑은 "나도 그것을 원한다. 나는 네가 나의 영광을 보고 내가 누구인지 깨닫기 원한다."라고 화답하신다.

이 땅의 신부가 천국의 신랑과 영원히 함께할 그 날을 고대하며 주님을 향해 눈을 들 때, 같은 외침이 모든 신부에게서 터져 나온다. 사랑하는 신랑의 마음을 가득 채운 신부의 갈망이 모든 신자의 마음을 움직이기를 소원한다!

9장 나는 하나님을 기쁘시게 해드리기 원합니다
I WANT TO PLEASE HIM

하나님의 부르심에 집중하는 사람의 마음을 가득 채우는 세 번째 동기는 하나님을 기쁘시게 해드리기 원하는 것이다. 다윗은 시편에 이렇게 기록했다.

나의 하나님, 내가 주님의 뜻 행하기를 즐거워합니다. 주님의 법을 제 마음 속에 간직하고 있습니다. (시 40:8)

하나님의 뜻을 알고 행하는 즐거움은 우리를 "모든 것을 버리는 순종"으로 이끈다. 하나님의 뜻을 행하는 것이 얼마나 기쁜 일인지 안다면 큰 축복을 받은 것이다. 하나님 아버지께서 예수님께 하셨던 고백을 당신에게 속삭이시면 얼마나 행복할까? 잊지 말자, 우리는 존재 자체로 하나님을 기쁘시게 하는 사람들이다.

그리고 하늘에서 소리가 나기를 이는 내가 사랑하는 아들이다. 내가 그를 좋아한다 하였다. (마 3:17)

하나님께 기쁨이 되다

예수님이 요단강에서 세례받으실 때, 하나님 아버지께서 아들을 향한 사랑을 공개적으로 고백하시기 전까지 예수님은 다른 사람을 치유하거나, 귀신을 쫓아내거나, 복음을 전하지 않으셨다. 세례받으시기 전까지 예수님께서 하신 일은 집에 머물면서 어머니를 돌보고 하늘 아버지를 사랑하며 자신에게 주어진 삶을 사는 것이었다. 그런데도 하늘 아버지께서는 예수님을 향해 "이는 내가 사랑하는 아들이다. 내가 그를 좋아한다"라고 말씀하신다. 하나님 나라 관점으로 볼 때 예수님은 세례받으실 때까지 아무 사역도 하지 않으셨지만, 하나님 아버지는 그런 예수님을 "기뻐"하셨다.

이것을 우리 삶에 적용해 보자. 우리 삶을 향한 하나님의 기쁨은 우리가 하나님을 위해 행하는 헌신과 전혀 관계가 없다. 만일 당신이 열심히 사역하는 것으로 하나님을 기쁘시게 해드리려 한다면 결국 지쳐 버리고 말 것이다. 하나님을 기쁘시게 해드리는 것은 우리의 일과 사역이 아니라 일상 속 힘들고 어려운 상황에서도 하나님을 넘치도록 사랑하는 우리의 마음이다.

하나님께서는 종종 우리가 보람을 느끼고 뿌듯하게 생각하는 사역을 내려놓게 하심으로써 우리 마음을 시험하신다. 지금까지 우리가 하나님을 사랑하는 마음으로 섬기면서 많은 사람이 우리의 사역을 통해 감동받고 변화된 것이 사실이다. 그런데 어느 날,

하나님께서 오셔서 우리의 모든 사역을 중단시키신다면 이것은 아마도 신자가 상상할 수 있는 최악의 상황 중 하나가 아닐까? 하지만 안타깝게도 많은 사역자가 하나님께서 그들의 사역을 중지시키고 나서야 마음의 참된 동기를 돌아볼 여유를 얻는다.

우리는 철저히 "기능 중심"으로 살면서 자기의 동기가 순수하다고 생각한다. 하지만 하나님께서 우리 삶에 잘 꾸며진 사역을 걷어내시며 이런 것이 마음에 있을 것이라고 생각조차 하지 못했던 악한 것들을 드러내신다. 대부분의 사람이 활발하게 진행되던 사역이나 사업이 하루아침에 중단되고 원대한 꿈과 계획이 무너져 버리면 하나님의 인도하심이 멀게만 느껴지고 불만으로 가득 차 짜증스러운 말을 내뱉기 마련이다. 그때, 주님께서 우리에게 오셔서 말씀하신다.

"네 마음이 왜 그렇게 상하였느냐? 너에게는 여전히 내가 있지 않니? 너에게 내가 있다는 것으로 충분하지 않은 거야? 너는 아직도 사역으로 너의 빈 마음을 채워야 하니?"

하나님의 사랑은 질투하는 불과 같아서 우리의 사랑을 깨끗하게 정화하신다. 사역의 관점에서 볼 때 사람들이 아무도 우리를 원하지 않을 때도 하나님은 우리가 전심으로 하나님을 사랑하기 원하신다. 모든 외적 상황과 관계없이 사랑으로 온전하게 헌신하는 것, 이것이 하나님의 마음을 기쁘시게 한다.

하나님을 기쁘시게 해드리기 원합니다

하나님을 기쁘시게 해드리기 원하는 바울의 외침을 보자.

"그러므로 우리가 몸 안에 머물러 있든지, 몸을 떠나서 있든지, 우리가 바라는 것은 주님을 기쁘게 해드리는 사람이 되는 것입니다." (고후 5:9)

"내가 지금 사람들의 마음을 기쁘게 하려 하고 있습니까? 아니면, 하나님의 마음을 기쁘게 해 드리려 하고 있습니까? 아니면, 사람의 환심을 사려고 하고 있습니까? 내가 아직도 사람의 환심을 사려고 하고 있다면, 나는 그리스도의 종이 아닙니다." (갈 1:10)

바울은 이 구절을 통해 우리에게 중요한 원칙을 알려준다. 사람을 기쁘게 하고 나서 하나님을 설득하는 것이 아니라, 하나님을 기쁘시게 해드리고 나서 사람을 설득하라.

하나님을 기쁘시게 할 때 받는 상급

성경은 우리가 하나님을 기쁘시게 할 때 받는 여러 상급을 제시한다. 나는 그중에서 성경의 네 구절에 주목한다.

내 원수들이 내 앞에서 환호를 외치지 못하게 하여 주십시오. 이로써, 주님이 나를 사랑하심을 나는 알게 될 것입니다. (시 41:11)

하나님께서 자신을 기쁘시게 하는 사람들이 원수에게 지는 것을 허락지 않으신다. 하나님을 기쁘시게 하는 사람들을 위해 하나님께서 대신 싸우시고 건져주실 것이다. 얼마나 위대한 약속인가!

> 우리가 구하는 것은 무엇이든지 하나님에게서 받을 것입니다. 우리가 하나님의 계명을 지키고, 하나님께서 기뻐하시는 일을 하기 때문입니다. (요일 3:22)

하나님을 기쁘시게 할 때 기도 응답을 받는다.

> 나를 보내신 분이 나와 함께 하신다. 그분은 나를 혼자 버려 두지 않으셨다. 그것은, 내가 언제나 아버지께서 기뻐하시는 일을 하기 때문이다. (요 8:29)

예수님은 언제나 아버지께서 기뻐하시는 일을 하면서 계속 친밀한 교제를 누리셨다. 하나님과 교제를 나누는 것은 하나님을 기쁘시게 하는 사람들에게 주어지는 매일의 행복이다.

> 내 계명을 받아서 지키는 사람은 나를 사랑하는 사람이요, 나를 사랑하는 사람은 내 아버지의 사랑을 받을 것이다. 그리고 나도 그 사람을 사랑하여, 그에게 나를 드러낼 것이다. (요 14:21)

마지막 말씀인 요한복음 14:21은 다양한 의미로 가득 차 있다.

- **"나의 계명을 받아서**(원문에는 'HAS'(가지고)가 있으나 개역개정판에는 생략되어 있다 : 역자 주)" - 예수님은 단순히 "성경책을 소유한 사람"을 말씀하시는 것이 아니라 하나님의 계명을 연구하고 추구하며 말씀이 마음에 새겨질 때까지 만족하지 않는 뜨거운 상태를 말씀하신다. 우리는 이런 열정적인 태도로 성경의 모든 말씀을 흡수해야 한다. 나는 예수님의 모든 말씀을 묵상하고 연구하며 삶으로 살아내는 데 온 힘과 시간을 쏟기 원한다.

- **"지키는 사람은"** - 하나님의 계명을 알고 가르칠 수 있다 해도 충분하지 않다. 우리는 말씀에 순종해야 한다.

- **"나를 사랑하는 사람이요"** - 이것은 하나님의 사랑을 확인하는 리트머스 시험지다. 생활 속에서 예수님의 말씀을 본받아 뜨겁게 추구하며 부지런히 말씀을 지키는 사람이 예수님을 사랑하는 사람이다. 예배 때 예수님께 사랑의 노래를 불러 드리지만, 삶으로는 예수님의 뜻에 불순종하는 것은 자신을 속이는 것이다. 진실로 예수님을 사랑한다면 예수님의 계명을 전심으로 실천하라.

- **"나를 사랑하는 사람은 내 아버지의 사랑을 받을 것이다"** - 이것이 하나님을 기쁘시게 해드린 후 받는 상급이다. 당신이 하나님 아버지를 기쁘시게 하면 하나님은 당신에게

사랑을 아낌없이 부어주신다. 우리에게 이보다 더 큰 상급이 어디 있을까? 하나님 아버지께서 사랑으로 당신을 안으시고 얼마나 사랑하는지 속삭여 주실 것이다. 하나님의 사랑이라면 모든 것을 희생할 가치가 있다. 하나님 아버지의 열정적이고 끝없는 사랑을 받는 것보다 더 좋은 것은 없다.

- **"나도(예수님) 그 사람을 사랑하여"** - 잠깐, 여기 더 좋은 것이 있다! 내가 만일 모든 것을 포기하고 순종하면, 하나님 아버지께서 끝없는 사랑을 부어 주실뿐만 아니라 주 예수님도 사랑을 부어 주신다! 예수님은 우리의 마음을 소유하신 우리 영혼의 신랑이시며 우리가 바라볼 유일한 분이다. 내 눈에는 오직 예수님만 보이는데 당신은 어떤가? 우리가 예수님의 사랑을 얻기 위해 모든 것을 버리고 각자 져야 할 십자가를 지면, 우리가 원했던 예수님의 뜨거운 사랑이 부어질 것이다.

- **"그에게 나를 드러낼 것이다"** - 아직도 더 좋은 것이 남아 있다니! 믿어지지 않는다. 만일 내가 모든 것을 포기하고 하나님의 뜻에 순종하면 하나님 아버지는 그 끝없는 사랑을 부으시고, 예수님도 나에게 사랑을 아끼지 않으실 뿐만 아니라 가장 뛰어나고 분명한 방식으로 나에게 자신을 드러내실 것이다.

친구들이여, 내 마음은 완전히 예수님의 사랑에 빠져 사랑의 노예가 되었다. 예수님께서 나에게 자신을 드러내신다면 못할 게 무엇인가! 예수님은 그저 바라보는 것만으로도 사랑스러우시며 가장 아름다우시고 모든 천사가 노래하는 주제이시며 빛나는 영광으로 우주 만물을 붙드시고 하나님의 모든 충만함이 육체로 거하시는 완벽하게 아름다우신 분이시다. 이렇게 놀라운 예수님께서 우리에게 자신을 드러내신다고 약속하신다. 과연 예수님의 얼굴을 보는 것과 비교할만한 것이 있을까? 예수님의 불같은 눈, 장엄한 목소리, 달콤한 입맞춤, 얼굴에서 비추는 강력한 영광을 추구하는 것이야말로 내 모든 존재를 바치는 것과 비교할 수 없이 귀하다. 내 마음은 이렇게 외친다.

"**예수님** 제가 원하는 한 가지는 당신을 기쁘게 하는 것입니다. 예수님께서 하나님 아버지를 기쁘게 해드렸듯이, 나를 도우셔서 당신을 기쁘게 하는 방법을 알게 하소서."

10장 나는 하나님의 영광을 원합니다
I Want His Honor

삶의 추진력이 되는 네 번째 동기는 하나님의 영광이다. 하나님께서는 마지막 때에 주님의 뜻대로 사는 사람들에게 영광을 주신다. 나는 오늘도 그 영광을 받기 위해 내가 할 일을 한다. 하나님은 우리가 사람의 영광을 받기 위해 동기부여 되는 것이 아니라 하나님의 영광을 받기 위한 뜨거운 갈망으로 동기부여 되기를 원하신다. 나는 마지막 날 주 예수님께서 "잘했다 나의 착하고 충성스러운 종아"라고 말씀하시는 것을 듣기 원한다. 때로는 어렵고 힘든 시간도 있겠지만, 하나님의 영광스러운 격려 한마디가 이 땅에서의 모든 고난을 가치 있게 할 것이라고 믿는다.

큰 은총을 받은 사람

나는 다니엘의 이야기를 참 좋아한다. 다니엘의 이야기는 스스로 영광을 추구하지 않고 하나님의 영광을 구하는 것이 어떤 의미인지 알려준다. 다니엘의 이야기를 시작하기 전에 배경을 미리 알아보자. 다니엘은 하늘의 사자로부터 두 번이나 하나님의 "큰 은총을 받은 사람"이라는 말을 듣는다.(단 10:11, 19) "다니엘, 하나님은 정말 너에게 큰 관심이 있으셔. 너는 이 땅의 모든 사람 중에서 특별한 관심과 사랑을 받고 있어. 하나님께서 너를 특별히 사랑하시기 때문에 나를 보내서서 아주 독특한 환상과 계시를 주시는 거야." 그리고 다니엘은 주저앉은 자리에서 일어날 수 없을 정도로 놀라운 하늘의 환상을 받는다. 성경에서는 사도 요한이 받은 요한계시록이 다니엘이 본 불가사의한 계시와 비길 정도다.

나는 이렇게 생각했다. "과연 다니엘은 어떤 사람이길래 하나님께 이렇게 특별한 관심과 사랑을 받았을까?" 왜 하나님께서 다니엘을 그렇게 사랑하셨는지 밝힐 수 있다면 나도 그렇게 살면서 하나님께 나 자신을 드릴 수 있지 않을까? 하지만 안타깝게도 성경에 왜 다니엘이 하나님의 "큰 은총을 받은 사람"이었는지 기록되어 있지 않다. 그러나 우리가 추측할 수 있는 한 가지 이유가 다니엘 5장에 나온다.

다니엘 5장

1 벨사살 왕이 귀한 손님 천 명을 불러서 큰 잔치를 베풀고, 그 천 명과 더불어 술을 마셨다. 2 벨사살 왕은 술을 마시면서 명령을 내려서, 그의 아버지 느부갓네살 왕이 예루살렘 성전에서 가져 온 금그릇과 은그릇들을 가져 오게 하였다. 왕과 귀한 손님과 왕비들과

후궁들이 모두 그것으로 술을 마시게 할 참이었다. 3 그래서 예루살렘에 있는 하나님의 집 성전에서 가져 온 금그릇들을 꺼내서, 왕과 귀한 손님과 왕비들과 후궁들이 그것으로 술을 마셨다. 4 그들은 술을 마시고서, 금과 은과 동과 철과 나무와 돌로 만든 신들을 찬양하였다. 5 그런데 바로 그 때에 갑자기 사람의 손이 나타나더니, 촛대 앞에 있는 왕궁 석고 벽 위에다가 글을 쓰기 시작하였다. 왕은 그 손가락이 글을 쓰는 것을 보고 있었다. 6 그러다가 왕의 얼굴빛이 창백해지더니, 공포에 사로잡혀서, 넓적다리의 힘을 잃고 무릎을 서로 부딪치며 떨었다. 7 왕은 큰소리로 외쳐서, 주술가들과 점성술가들과 점성가들을 불러오게 하였다. 그들이 들어왔을 때에, 그는 바빌론의 지혜자들에게 말하였다. "누구든지 이 글자를 읽고서, 그 뜻을 나에게 알려 주는 사람은 자색 옷을 입히고, 금 목걸이를 목에 걸어 주며, 이 나라에서 셋째 가는 통치자로 삼겠다." 8 왕궁 지혜자들이 모두 나왔으나, 아무도 그 글자를 읽는 사람이 없었고, 그 뜻을 왕에게 알려 주는 사람도 없었다. 9 벨사살 왕은 크게 낙심하여 얼굴빛이 변하였고, 손님들도 당황하였다. 10 왕과 귀한 손님들의 고함 소리를 듣고서, 왕의 어머니가 연회장으로 들어왔다. 왕의 어머니가 왕에게 말하였다. "임금님, 임금님의 만수무강을 빕니다. 임금님은 너무 번민하지 마시고, 얼굴에서 근심을 떨쳐 버리시기 바랍니다. 11 임금님의 나라에 거룩한 신들의 영을 받은 한 사람이 있습니다. 그는 임금님의 아버지 때에, 명철과 총명과 신들의 지혜와 같은 지혜를 가진 사람으로 알려진 인물입니다. 임금님의 아버지 느부갓네살 왕께서는 그 사람을 마술사들과 주술가들과 점성술가들과 점성가들의 우두머리로 세우셨습니다. 12 그의 이름은 다니엘입니다. 그에게는 탁월한 정신과 지식과 꿈을 해몽하는 총명이 있어서, 수수께끼도 풀었고, 어려운 문제도 해결했습니다. 느부갓네살 왕은 그의 이름을 벨드사살이라고 부르셨습니다. 이제 다니엘을 불러 보십시오. 그러면 그가 그 글자를 풀어서, 임금님께 알려 드릴 것입니다." 13 다니엘이 왕 앞에 나아오니, 왕이 다니엘에게 물었다. "그대가 바로 나의 부왕께서 유다에서 데려온 유다 포로 가운데 하나인 그 다니엘이란 사람이오? 14 나는 그대의 이야기를 들었소. 그대에게는 신들의 영이 있고, 명철과 총명과 탁월한 지혜가 있다고 들었소. 15 내가 지혜자들과 주술가들을 이리로 불러와서, 이 글자를 읽고서 내 앞에서 그 뜻을 알아내라고 하였으나, 그들이 이 글자의 뜻을 나에게 풀이하여 주지 못하였소. 16 그러나 나는, 그대가 글자를 해석할 수 있고, 어려운 문제도 풀 수 있다고 들었소. 지금 그대가 이 글자를 읽고, 나에게 뜻을 풀이하여 주면, 그대에게 자색 옷을 입히고, 목에 금 목걸이를 걸어 주고, 이 나라에서 셋째 가는 통치자로 삼겠소." 17 다니엘이 왕 앞에서 아뢰었다. "임금님이 주시겠다는 선물은 거두시고, 임금님이 내리실 상급은 다른 사람에게 주시기 바랍니다. 그럴지라도 저는 이 글자를 읽고서, 그 뜻을 풀이하여 임금님께 알려 드리겠습니다. 18 임금님, 가장 높으신 하나님이 임금님의 아버지 느부갓네살 왕께 나라와 큰 권세와 영광과 위엄을 주셨습니다. 19 하나님이 그에게 큰 권세를 주셨으므로, 민족과 언어가 다른 뭇 백성들이 그 앞에서 떨면서 무서워하였으며, 부친께서는 마음대로 사람을 죽이기도 하고, 마음대로 사람을 살리기도 하고, 마음대로 사람을 높이기도 하고, 마음대로 사람을 낮추기도 하셨습니다. 20 그러나 부친께서 마음이 높아지고 생각이 거만해지셔서, 교만하게 행동을 하시다가, 왕위에서 쫓겨나셔서, 명예를 잃으신 일이 있었습니다. 21 사람 사는 세상에서 쫓겨나시더니, 그의 마음은 들짐승처럼 되셨고, 들나귀와 함께 사셨으며, 소처럼 풀을 뜯으셨고, 몸은 하늘에서 내리는 이슬로 젖으셨습니다. 그 때에야 비로소 부친께서는, 가장 높으신 하나님이 인간의 나라를 다스리시고, 하나님의 뜻에 맞는 사람을 그 자리에 세우시는 줄을 깨닫게 되셨습니다. 22 느부갓네살의 아드님이신 벨사살 임금님은 이 모든 일을 아시면서도, 마음을 겸손하게 낮추지 않으시고, 23 하늘의 임금님이시요 주님이신 분을 거역하시고, 스스로를 높이시며, 하나님의 성전에 있던 그릇들을 가져 오게 하셔서, 임금님과 귀한 손님과 왕비들과 후궁들이 그것으로 술을 마시게 하셨습니다. 그리고 임금님은 보거나 듣거나 알지도 못하는, 금과 은과 동과 쇠와 나무와 돌로 만든 신들은 찬양하시면서도, 임금님의 호흡과 모든 길을 주장하시는 하나님께는, 영광을 돌리지 않으셨습니다. 24 그러므로 하나님이 손을 보내셔서, 이 글자를 쓰게 하신 것입니다. 25 기록된 글자는 바로 '메네 메네 데겔' 과 '바르신' 입니다. 26 그 글자를 해석하면, 이러합니다. '메네' 는 하나님이 이미 임금님의 나라의 시대를 계산하셔서, 그것이 끝나게 하셨다는 것이고, 27 '데겔' 은, 임금님이 저울에 달리셨는데, 무게가 부족함이 드러났다는 것이고, 28 '바르신' 은 임금님의 왕국이 둘로 나뉘어서 메대와 페르시아 사람에게 넘어갔다는 뜻입니다." 29 벨사살이 곧 명령을 내려서, 다니엘에게 자색 옷을 입히고 그의 목에 금 목걸이를 걸어 주었으며, 그를 그 나라에서 셋째 가는 통치자로 삼았다. (단 5:1~29)

벽에 쓴 글씨

이 이야기는 화려한 바벨론 연회를 묘사하며 시작한다. 잔마다 술이 넘치고 음식은 풍성하며 축제 기분이 최고조에 달했을 때, 공중에 손 하나가 나타나 벽에 의문의 글자를 남겼지만 벨사살 왕궁의 누구도 이 글씨를 읽거나 해석할 수 없었다. 그때 왕의 어머니가 자신의 남편이었던 느부갓네살 왕의 꿈을 다니엘이 해석했던 것을 기억하고 연회장에 들어와 아들에게 조언한다. "왕은 다니엘을 찾으십시오. 그가 이 글씨를 읽고 해석할 수 있습니다."

벨사살은 어머니의 이야기를 듣고 즉시 다니엘을 불러온다. 다니엘은 느부갓네살 왕의 오른팔로 섬기면서 왕의 궁전 가까이에 살았다. 그러나 느부갓네살의 아들 벨사살이 왕이 되자 벨사살은 아버지를 섬겼던 충신들을 해고하고 새로운 각료를 지명했는데 다니엘 역시 영향력 있는 자리에서 축출되었다. 다니엘 8:27을 보면 여전히 왕의 일을 보았다고 나오지만, 그 역할은 선왕 때보다 미약했을 것이다.

아첨과 칭찬

벨사살은 자기의 궁금증을 풀기 위해 앞에 나온 다니엘에게 두 번이나 "나는 그대의 이야기를 들었소"(14, 16절)라고 말한다. 이것은 왕국의 구석 어딘가로 좌천된 다니엘의 마음을 풀어주기 위한 말이었다. 대통령이 당신을 집무실로 불러 이렇게 말한다고 상상해 보라, "당신에 관한 말씀을 많이 들었습니다." 아마 백이면 백 감동할 것이다. 당시에 세상에서 가장 강력한 왕인 벨사살이 다니엘의 명성을 들었다면서 추켜세웠다. "네가 왕궁에서 그 명성이 자자한 화제의 인물이구나." 벨사살은 다니엘에게 벽의 이상한 글자를 읽고 해석하면 좌천되기 전의 위치로 복직시켜주겠다는 제안도 한다. 화려한 왕궁에서 보잘것없는 들판으로 버려진 다니엘에게 잃어버린 명예와 능력과 직위와 부귀를 다시 얻을 기회가 온 것이다.

왕궁의 모든 사람이 다니엘에게 주어진 놀라운 제안에 군침을 흘렸다. 과연 당신이 다니엘이었다면 벨사살 왕에게 뭐라고 대답했을까? 성경에 기록된 다니엘의 반응은 참으로 놀랍다. 세상에서 가장 높고 강한 왕이 다니엘을 칭찬하고 승진을 제안했지만 다니엘을 유혹하지 못했다. 오히려 다니엘은 벨사살 왕에게 제언한다. "임금님이 주시겠다는 선물은 거두시고, 임금님이 내리실 상급은 다른 사람에게 주시기 바랍니다. 그럴지라도 저는 이 글자를 읽고서, 그 뜻을 풀이하여 임금님께 알려 드리겠습니다."(17절) 다니엘은 왕의 칭찬과 유혹이라는 미끼에 넘어가지 않았다.

하나님의 영광을 위해 살다

먼 훗날, 우리가 다니엘을 만나서 벨사살 왕의 제안에 어떻게 흔들리지 않을 수 있었냐고 묻는다면 이렇게 대답하지 않을까? "나는 오직 한 가지, 하나님께서 주시는 영광만을 위해 살기 때문입니다." 다니엘은 하나님께서 주시는 명예와 영광의 가치를 알았기 때문에 사람이 주는 명예와 영광에 흔들리지 않았다. 내가 믿기로는, 이것이 하나님께서 다니엘을 그토록 사랑하신 한 가지 이유다. 아마 하나님은 다니엘을 보시고 이렇게 말씀하셨을 것이다. "와, 정말 놀랍다! 나의 영광을 소중하게 여겨서 사람이 주는 명예를 물리쳤구나. 내가 다니엘을 사랑한다! 내가 사용할 수 있는 좋은 그릇이 여기 있구나."

나는 하나님께서 계시하시는 많은 방법 중에서 하필 손이 나타나 벽에 글씨를 쓴 이유가 다니엘에게 하나님의 초자연적인 일을 보고 해석할 수 있는 능력이 있었기 때문이라고 생각한다. 만일 다니엘에게 이런 능력이 없었다면, 허공에 손이 나타나 벽에 글씨를 쓸 필요가 없었을 것이다. 다니엘이 없었다면 과연 누가 초자연적인 일을 해석했겠는가?

하나님에게는 사람의 명예보다 하나님의 영광을 존중하는 다니엘이 있었기 때문에 바벨론 왕 벨사살에게 역사상 가장 흥미로운 방법으로 말씀하셨다. 하나님의 영광을 위해 사는 사람의 대표 주자인 다니엘에게 하나님은 창조적이고 초자연적인 방법으로 역사하셨다.

듣기 좋은 말

다른 사람이 당신을 칭찬할 때 속으로 뜨거운 감정을 느껴본 적 있는가? 사람으로부터 칭찬받을 때 우리 내면의 죄악 된 본성은 만족감을 느낀다. "비록 사람이 이 세상에서 흡족하게 살고 성공하여 칭송을 받는다 하여도"(시 49:18). 많은 사람이 세상의 호평과 인정을 받기 위해 산다. 그러나 성령님은 내가 사람에게 칭찬받고 우쭐할 때 그것이 곧 우상숭배임을 깨닫게 해주셨다. 나의 생명과 삶의 활력과 성취감을 예수님이 아닌 사람의 칭찬 같은 다른 무언가에서 찾는다면 그것이 바로 우상숭배다.

예수님의 관점

예수님은 "나는 사람에게서 영광을 받지 않는다."(요 5:41)라고 말씀하시면서 사람들의 칭찬을 거부하셨다. 이것은 "아예 칭찬을 피한다"라는 의미로 말씀하신 것이다. 예수님께서 말씀하신 "너희는 서로 영광을 주고받으면서 오직 한 분이신 하나님께서 주시는 영광은 구하지 않으니, 어떻게 믿을 수 있겠느냐?"(요 5:44)라는 말씀을 이렇게도 볼 수 있지 않을까? "너희에게 훨씬 더 크고 놀라운 것이 준비되어 있는데 왜 사람이 주는 칭찬과 영광처럼 하찮은 것에 만족하니? 사람의 영광은 너희 하나님 아버지께서 주시는 영광에 비교하면 정말 하찮은 것이야." 예수님은 증언하신다, "내 아버지의 영광과 비길 것은 없다."

> 믿음의 창시자요 완성자이신 예수를 바라봅시다. 그는 자기 앞에 놓여 있는 기쁨을 내다보고서, 부끄러움을 마음에 두지 않으시고, 십자가를 참으셨습니다. 그리하여 그는 하나님의 보좌 오른쪽에 앉으셨습니다. (히 12:2)

예수님 앞에 있는 기쁨은 이것이다 : 영광스러운 하나님 아버지께서 예수님께 차고 넘치도록 아낌없이 부어주시는 영광. 나는 하나님 아버지께서 예수님께 말씀하시는 것을 상상하곤 한다. "아들아, 네가 십자가의 고난과 죽음을 받아들이면, 내 마음이 크게 기쁠 뿐만 아니라 너도 영화롭게 될 것이다." 그리고 예수님께서 이렇게 대답하시는 것을 상상한다. "오 거룩하신 아버지, 저는 단 두 가지, 당신을 기쁘시게 하는 것과 당신이 주시는 영광을 받기 위해 삽니다. 이것을 위해서라면 무엇이든 할 것입니다!"

예수님은 아버지의 영광을 받는 것이 어떤 의미인지 아셨고 그것을 위해 살고 죽으셨다. 정말 하나님 아버지께서 예수님을 영화롭게 하셨는가? 그렇다! 아버지께서 예수님께 얼마나 큰 영광을 주셨는지 우리의 생각으로 다 이해할 수 없다!

> 9 그러므로 하나님께서는 그를 지극히 높이시고, 모든 이름 위에 뛰어난 이름을 그에게 주셨습니다. 10 그리하여 하늘과 땅 위와 땅 아래 있는 모든 것들이 예수의 이름 앞에 무릎을 꿇고, 11 모두가 예수 그리스도는 주님이시라고 고백하여, 하나님 아버지께 영광을 돌리게 하셨습니다. (빌 2:9~11)

하나님의 영광을 구하다

예수님은 말씀하셨다. "자기 마음대로 말하는 사람은 자기의 영광을 구하지만, 자기를 보내신 분의 영광을 구하는 사람은 진실하며, 그 사람 속에는 불의가 없다." (요 7:18) 이 말씀을 볼 때마다 내 마음속에서 오직 하나님의 영께서 주시는 것만 말하고 싶은 뜨거운 갈망이 솟아오른다. 사람들 앞에서 자기 영광을 구하고 자기를 높이는 것은 그럴듯해 보이고 싶은 유치한 행동이지만, 솔직히 나조차도 종종 말씀을 전할 때 마음의 고삐를 놓치고 내 영광을 구하려고 했었음을 인정할 수밖에 없다.

하나님의 영광을 구하는 사람의 특징은 이것이다. "그 사람 속에는 불의가 없다." 우리 마음의 유일한 동기가 하나님께 영광 돌리는 것으로 가득하다면 죄 없는 순수한 마음이 될 것이다. 이는 자기의 영광을 구하는 동기와 경계를 이룬다. 우리 내면의 동기가 자기 자신이 아니라 하나님으로 가득 찰 때, 진실로 우리는 완전한 은혜 속으로 들어갈 것이다. 우리는 이 은혜를 위해 멈추지 말아야 한다. 주여, 우리를 도우소서! 우리 내면이 사람에게 좋게 보이려는 것이 아니라 오직 하나님께만 영광 돌리려는 갈망으로 불타오르게 하소서!

요약

우리 마음에는 네 가지 큰 동기가 있다.

"나는 하나님과 함께 있기 원합니다."
"나는 하나님을 알고 싶습니다."
"나는 하나님을 기쁘시게 해드리기 원합니다."
"나는 하나님의 영광을 원합니다."

하나님과 함께 있고, 하나님을 알고, 하나님을 기쁘시게 해드리고, 하나님의 영광을 추구하는 것, 나는 필사적인 마음으로 이 네 가지 동기를 마음에 품어 하나님의 은혜로 말미암아 한없이 인내하고, 대가를 두려워하지 않으며, 어떠한 훈련도 받아들이고, 그 과정이 얼마나 오래 걸릴지라도 잠잠히 거하며, 어떠한 두려움도 이겨낼 것이다. 이로 인해 어떠한 비난과 오해와 거절을 당하더라도 이 네 가지 동기를 추구하며 이겨낼 것이다.

"**나는** 마지막 날 주 예수님께서 '잘했다 나의 착하고 충성스러운 종아'라고 말씀하시는 것을 듣기 원한다. 때로는 어렵고 힘든 시간도 있지만, 하나님의 영광스러운 격려 한마디가 이 땅에서의 모든 고난을 가치 있게 할 것이라고 믿는다."

하나님의 불같은 사랑

4부

하나님과의 우정

SECTION FOUR
FRIENDSHIP WITH GOD

11장 성화의 세 단계
THREE STAGES OF CONSECRATION

13 사람이 자기 친구를 위하여 자기 목숨을 내놓는 것보다 더 큰 사랑은 없다. 14 내가 너희에게 명한 것을 너희가 행하면, 너희는 나의 친구이다. 15 이제부터는 내가 너희를 종이라고 부르지 않겠다. 종은 그의 주인이 무엇을 하는지를 알지 못한다. 나는 너희를 친구라고 불렀다. 내가 아버지에게서 들은 모든 것을 너희에게 알려 주었기 때문이다. (요 15:13~15)

우리 마음 깊은 곳을 흔드는 이 말씀에서 예수님은 종과 친구를 구분하신다. 제자들도 한때는 예수님과 종과 주인처럼 단순한 관계였지만 함께 지내면서 예수님의 친구가 되었다고 하신다. 이 말씀은 우리에게 분명한 목표를 준다. "주님, 저는 당신의 종이 된 것으로 만족하지 않고 당신과 깊은 우정을 원합니다."

그리스도와의 관계에는 단계가 있으며 사랑을 통해 영광에서 영광으로 성장한다. 이제 그리스도인의 성화와 성숙의 일반적 세 가지 단계를 의미하는 말씀을 보려 한다. 각각의 구절에서 사용된 용어는 다르지만 "그리스도의 온전함을 향해 끊임없이 나아가면서 어떻게 은혜 안에서 성장하는가"라는 같은 관점을 추구한다. 첫 번째 구절은 위에서 인용한 요한복음 15:13~15이다.

1단계 : 신자

그리스도와의 관계 1단계는 "신자"의 단계다. 우리는 모두 신자로서 신앙생활을 시작한다. 하나님의 아들이시며 세상의 구주이신 예수님을 믿고 회심하면 하나님의 가족이 된다. 또 우리가 회개와 믿음의 고백을 드리고 물로 세례를 받으면 우리 이름은 어린양의 생명책에 기록된다. 하지만 안타깝게도 많은 사람이 그리스도를 영혼의 구원자로 믿고 영접하지만 자기 삶의 주인으로 모시는 것은 주저한다. 그들은 여전히 자신이 주인이 되어 살아왔던 세속적인 습관대로 살고 싶어 한다. 분명히 하나님 나라에 이들의 자리가 있지만, 현재로서는 아주 미성숙한 상태다. 신자가 되는 것과 그리스도의 종이 되는 것은 별개의 문제다.

2단계 : 종

신자가 하나님의 종이 되는 것은 어떤 의미인가? 예수님께 자신을 온전히 드려 복종하는 사람을 종이라고 한다. 이들은 십자가를 받아들이고 성화의 제단 앞에 철저히 무릎 꿇어 예수님께 순종하며 헌신한다. 종은 하나님께 자신을 완전히 드렸으므로 시간과 재능 재산 모든 것이 예수 그리스도의 주권에 있다고 고백하며 바울처럼 "나는 예수 그리스도의 노예다"라고 말한다. 하나님의 종이 되는 것은 "절대 순복" 외에는 결코 이룰 수 없음을 깨닫는 영광스러운 하나님 나라의 성취이며 이 땅에 살면서 육신으로는 고군분투하지만 헌신 된 종의 마음은 결코 희미하게 바래지 않는다. 종은 하나님께서 자신을 온전히 사용하시기를 원한다.

3단계 : 우정

하나님과의 우정은 그리스도인의 삶의 궁극적인 영역이다. 우리가 하나님 안에 있으면 예수님께서 우리의 친구가 되실 뿐만 아니라 우리도 예수님의 친구가 된다. 종의 차원에서만 섬기는 것이 아니라 우정의 차원에 이르면 예수님과 우리는 서로를 친구로서 누리게 된다. 종과 친구의 차이점을 자세히 알아보기 전에 그리스도인의 삶을 묘사하는 또 다른 말씀을 먼저 살펴보자.

30배, 60배, 100배

예수님은 그리스도인의 삶의 결실을 세 영역으로 나누셨다.

"그러나 더러는 좋은 땅에 떨어져서 열매를 맺었는데, 어떤 것은 백 배가 되고, 어떤 것은 육십 배가 되고, 어떤 것은 삼십 배가 되었다." (마 13:8)

본문에서 예수님은 좋은 땅이 세 가지 다른 수확을 내는데, 어떤 땅은 30배, 어떤 땅은 60배, 어떤 땅은 100배를 낼 것이라고 말씀하신다. 예수님은 이 말씀을 통해 그리스도인마다 다른 수준의 결실을 본다고 알려주신다. 어떤 이들은 추수 때에 다른 이들보다 더 효과적으로 수확한다. 30배 영역은 30%만큼 수확하는 사람을 말한다. 60배 영역은 30~60%를 수확하는 사람을 말한다. 100배 영역은 60~100%를 수확하는 사람을 말한다. 각 영역은 연속적이므로 신자는 성숙해 감에 따라 더 큰 수확의 단계로 넘어가며, 각자 자신이 어느 지점에 있는지 알 수 있다. 세 가지 영역의 결실은 이후 예수님께서 요한복음 15장에 종과 친구를 다음과 같이 가르치신 것과 일치한다.

30배는 "신자", 60배는 "종", 100배는 "친구"와 일치한다. "신자"는 1~30%의 결실을 본다. 신자도 다른 이의 삶에 영향을 미치지만 삶의 미성숙함과 타협 때문에 충분한 영향력을 발휘하기 어렵다. "종"은 60배의 더 큰 결실로 들어간다. 종은 로마서 12:1의 권고를 받아들여 하나님께 드린 "산 제물"이 되었다. 종의 차원은 은혜를 아주 많이 얻으며 예수님도 이 영역이 30~60%의 결실을 본다고 말씀하신다. "친구"는 궁극적인 결실의 영역으로 들어가서 궁극적 성취인 100배의 결실에 점점 더 가까워지는 법을 배운다. "하나님의 친구"에게서 가장 찾기 쉬운 자질은 "결실"이며, 이는 100배의 수확과 일치한다. 다음 장에서 100배의 결실에 관한 다른 말씀을 살펴보자.

12장 어린아이, 청년, 아버지
LITTLE CHILDREN, YOUNG MEN, FATHERS

그리스도인의 세 가지 단계를 알려주는 또 다른 구절이다 :

13 아버지 된 이 여러분, 내가 여러분에게 이 글을 쓰는 까닭은, 여러분이 태초부터 계신 분을 알고 있기 때문입니다. 젊은이 여러분, 내가 여러분에게 이 글을 쓰는 까닭은, 여러분이 이미 악한 자를 이겼기 때문입니다. 14 어린이 여러분, 내가 여러분에게 이 글을 쓰는 까닭은, 여러분이 이미 하늘 아버지를 알고 있기 때문입니다. 아버지 된 이 여러분, 내가 여러분에게 이 글을 쓰는 까닭은, 여러분이 태초부터 계신 분을 알고 있기 때문입니다. 젊은이 여러분, 내가 여러분에게 이 글을 쓰는 까닭은, 여러분이 강하고 하나님의 말씀이 여러분 속에 있어서, 여러분이 그 악한 자를 이겼기 때문입니다. (요일 2:13~14)

사도 요한은 그리스도인의 삶을 어린아이, 청년, 아버지라는 영적 성숙의 세 영역으로 나눈다. 이 세 용어의 개념은 앞 장에서 인용된 다른 두 구절의 비유와 비슷하다.

어린아이

일반적으로 성인보다 미성숙한 상태를 "어린아이"라고 하는 것처럼 하나님 나라 관점에서도 미성숙한 신자들을 아이라고 표현하는데, 이것은 아이들의 특성과 관련이 있다. 아이들은 가정을 즐거움과 따뜻함으로 채우지만, 소득이라는 현실적인 공급은 책임지지 못하며 때때로 철저히 비생산적이면서 놀라울 정도로 많은 요구를 하고 주는 것보다 더 많은 것을 가져가는 듯 느껴지기도 한다. 믿음이 약한 많은 신자가 어린아이처럼 하나님 나라의 추수 대신 양육과 보호에 더 많은 시간과 힘을 요구한다. 하지만 성숙도와 생산성만으로 신자의 가치를 규정하는 것은 위험하다. 아이의 낮은 성숙도와 생산성은 지극히 정상이며 모든 사람이 그리스도 안에서 아이에서부터 시작하는 것은 당연하지만 언제까지나 아이로 머무는 것은 위험하다. 하나님은 우리가 성장하길 원하신다.

청년

"청년"은 앞서 본 60배의 결실만큼 더 큰 하나님 나라의 생산성을 내는 하나님의 "종"이다. 청년들은 은혜 안에서 강건하며 하나님의 말씀을 가르치고 영적 전쟁에서 마귀에 대항하여 승리하는 법을 알고 있으며 "어린아이" 때보다 더 효과적인 방식으로 다른 사람을 돕는다. 어린아이가 적절한 양육을 받고 성장하면 청년이 되는데 애석하게도 교회 안의 많은 사람이 "영적 어린아이"로 남아있다. 어떤 믿는 자들은 수년간 믿음 생활을 했지만, 여전히 원수를 이기고 다른 사람을 돕기는커녕 자기만 간신히 살아가는 정도에 그친다. 영적인 어린아이는 청년의 성취를 보고 이렇게 생각한다. "와! 저 모습을 봐, 저건 그리스도 안에서 궁극적인 믿음의 차원일 거야! 예수님을 삶의 모든 영역에 주인으로 모시고 모든 죄를 이기다니, 저 수준에 이르면 믿음의 여정을 끝마친 거야!" 그러나 "청년" 다음 성취해야 할 단계가 있다.

아버지

영적 "아버지"는 그리스도의 진실한 "친구"가 되어 하나님 나라의 제일 큰 결실인 100배에 이르는 차원으로 들어간 사람들이다. 영적 아버지의 가장 중요한 자질은 영적 자녀를 낳는 것이다. 바울은 60배의 청년과 100배의 아버지를 이렇게 구별한다.

> 그리스도 안에서 여러분에게는 일만 명의 스승이 있을지 몰라도, 아버지는 여럿이 있을 수 없습니다. 그리스도 예수 안에서 복음으로 내가 여러분을 낳았습니다. (고전 4:15)

우리는 스승과 아버지의 차이를 잘 이해하지 못해서 스승을 아버지와 같은 것이라고 생각한다. 영적인 차원에서 "스승"은 말씀을 탁월하게 가르치는 "청년"의 단계에 해당하며 성숙의 단계가 올라갈수록 그 숫자는 줄어들고 그 결과 그리스도의 몸 된 교회에 청년은 많지만 아버지는 적다. 다음 도표가 지금까지 나눈 구절과 그리스도인의 성숙의 세 단계의 속성을 보여준다.

	요한일서 2:12-14	마태복음 13:8	요한복음 15:13-15
아들 됨	어린아이	30배	믿는 자
제자 됨	청년	60배	종
동역자	아버지	100배	친구

아들 됨은 신자가 처음 하나님을 믿고 하나님의 자녀가 되는 어린아이의 단계에 해당하며, 제자 됨은 신자가 져야 할 십자가를 받아들이고 그리스도의 참 제자가 되는 청년의 단계에 해당하며, 동역자는 그리스도와 함께 멍에를 매고 함께 하는 비밀을 배우는 "아버지"의 단계에 해당한다. 다음 장에서 이 도표를 더 자세히 알아보자.

13장 하나님의 동역자
PARTNERSHIP WITH GOD

앞 장에서 우리는 다음 도표를 소개했다.

	요한일서 2:12-14	마태복음 13:8	요한복음 15:13-15
아들 됨	어린아이	30배	믿는 자
제자 됨	청년	60배	종
동역자	아버지	100배	친구

성숙의 문제

한 개인의 영적 성숙을 어떻게 결정할 수 있을까? 이 도표는 영적 성숙의 몇 가지 흥미로운 사실을 알려준다. 영적 성숙에서 가장 중요한 문제는 열매 맺음이다. 미성숙한 사람은 열매를 많이 맺지 못하지만 성숙한 사람은 열매를 많이 맺는다. 그리스도 안에서의 성숙은 주님을 얼마나 오래 알았는지, 얼마나 많은 사역을 했는지, 어떤 직함이 있는지와 상관없다 보니 교회 안에 미성숙한 지도자도 많다. 예수님은 사람의 성취나 학력에 감동받지 않으시며 많은 열매 맺는 포도나무를 찾으신다. 나는 과거에 성숙함은 안정감과 밀접한 관계가 있다고 생각했다. 이를테면, 만일 누군가가 하나님 안에서 참으로 안정적이라면 성숙한 것이라고 말이다. 하지만 이제 나는 성숙함이 안정감처럼 어떤 상태가 아니라 열매 맺는 능력과 더 많은 관련이 있음을 깨달았다.

나는 사역자들에게서 이런 말을 종종 듣는다, "15년이나 사역을 이끌어왔으니 이제 다른 사람에게 넘겨줘야 할 것 같아." 안타깝게도 많은 사람이 나이가 들었다는 이유만으로 자기 역할을 내려놓기 때문에 열매가 줄어든다. 어쩌면 하나님께서는 성숙해지는 것을 따라 더 많은 열매를 예비하셨는데 인간적인 기준을 따라 너무 빨리 자기 역할을 내려놓는 것은 아닐까. 하나님은 30배 그리스도인이 60배 그리스도인이 되길 원하실까? 나는 이전에 "한 번 30배 신자면 언제나 30배 신자야"라고 생각했다. 그러나 내가 결실과 재능에 대한 청지기 정신을 혼동했음을 깨달았다. 과연 결실과 재능의 차이는 무엇일까?

재능은 하나님께서 주신 선물로서 우리에게 결정권이 없다. 어떤 종류의 재능이라는 선물이 우리에게 주어지는가는 하나님의 영역으로 우리가 선물을 고를 수 없으며 하나님께서 우리에게 특정한 재능과 그것을 잘 개발하고 발전시킬 책임을 주신다. 예를 들어 어떤 사람이 음악적 재능이 있으면 훨씬 빨리 배우고 결실을 본다. 그러나 비교적 음악적 재능이 적은 사람은 몇 년을 배

워도 진도가 나가지 않고 결실이 보이지 않는다. 우리의 성취는 언제나 하나님께서 우리에게 주신 재능에 따라 제한받는다.

결실은 우리가 하나님께 받은 재능과 은사를 얼마나 잘 관리했는가에 달려 있다. 하나님께 받은 재능과 은사의 종류와 수준을 우리가 바꿀 수는 없지만, 그 재능과 은사를 효과적으로 사용할 수 있으며 하나님은 우리 삶의 결실이 이전보다 좋아질 기회를 주신다. 만일 내가 2개의 재능을 받았다면 3개의 재능을 받은 사람 사람처럼 살 수는 없지만, 하나님의 은혜 안에서 가장 많은 열매를 맺는 2개의 재능을 받은 사람이 되도록 결단할 수 있다. 하나님은 모든 신자가 자기에게 주어진 재능과 은사의 수준과 상관없이 그것을 통해 100배의 결실을 향해 전진하기 원하신다.

그러나 성숙의 단계마다 건너기 어려운 문턱이 있다. 하나님 안에서 어린아이가 청년이 되려면 예수님께서 주신 십자가를 온 맘 다해 받아들여 자아를 죽이고 오직 하나님만 위해 살아야 한다. 청년에서 영적 아버지가 되는 문턱을 건너는 것은 훨씬 더 고통스럽다. 청년은 하나님을 위해 자기 재능을 발휘하는 법을 알아야 하지만, 영적 아버지가 되기 위해서는 하나님의 성령을 의지하는 또 다른 차원을 배워야 한다.

아버지가 되기 위해

60배의 "청년"은 열심히 일하는 사람이다. 이들은 포도원에서 수고하는 법을 배웠고 대부분 열성적이기 때문에 눈에 잘 띄어 많은 역할이 주어진다. 책임질 사역이 점점 많아질수록 청년들의 삶은 끊어지기 직전의 팽팽한 고무줄처럼 긴장이 누적되다 결국 탈진한다. "휴, 나는 이제 모든 걸 내려놓고 싶어요!" 모든 것을 내려놓고 탈진한 청년들의 눈에 한창 바쁠 때는 몰랐던 영적인 아버지들의 여유로운 모습이 보이기 시작한다. 그들은 영적 아버지들의 모습에 깜짝 놀란다. 청년들이 볼 때 영적인 아버지들은 자기들보다 훨씬 더 여유롭게 하나님 나라에서 더 많은 열매를 맺는 것처럼 보인다. 우리는 앞서 아버지들의 풍성한 결실이 그 사람이 얼마나 많은 일을 하는지와 상관이 없음을 배웠다.

청년은 당황스럽다. 마치 전속력으로 달리다 과열된 자동차처럼 자신의 전 존재를 드려 예수님을 섬겼지만, 일상에서는 작은 여유조차 누릴 시간도 없이 피폐해졌다. 청년들은 지금보다 훨씬 더 많은 열매를 맺는 차원이 있는 것을 알지만 더 어떻게 해야 할지 모른다. 60배의 결실에 이르렀지만, 그 이상을 성취할 수 없으므로 점차 내면에서 더 깊고 높은 곳을 향한 "거룩한 불만"이 타오르고, 영적인 아버지들의 여유로운 모습을 통해 어떻게 적은 노력으로도 많은 하나님 나라의 열매를 맺는지 고민한다.

하나님께서는 지친 청년들이 초자연적인 도움 없이는 더 높은 성화의 차원으로 넘어갈 수 없음을 아시고 그에게 "내가 너를 도와주마"라고 말씀하신 후 청년을 세게 후려치셔서 상처를 입히신다. 이럴 수가! 이것이 하나님께서 60배 그리스도인에게 100배 결실의 차원을 소개하시는 방법이라니. 이 사건을 한 단어로 정의할 수 있는데, 바로 "가지치기"이다. 하나님은 힘과 비전으로 가득 찬 60배 청년을 한순간에 빈털터리로 만드신다. 60배의 좋은 가지치기 과정을 통해 자신의 재능과 힘보다 더 큰 생명의 능력이신 하나님께 의지하는 법을 배운다. 성령님은 착한 종이 성령 안에서 더 높은 차원으로 가도록 열심히 일하는 것을 멈추고 열매 맺는 데 집중하도록 인도하신다.

동역자

하나님께서 나에게 제자도를 넘어 동역자가 되도록 도전하셨던 것을 나누고 싶다. 몇 년 동안 나는 목소리의 치유를 위해 간절히 기도했다. 이 뜨거운 부르짖음 속에서 성령님은 내가 하나님 관계하는 방법을 바꿔야 함을 깨닫게 하셨고, 이전과 다른 성숙한 무엇인가가 필요하다는 것을 느낄 수 있었다. 많은 사람이 그런 것처럼 나도 과거에는 내가 원하는 것을 얻기 위해 하나님께 기도했다. 나는 모든 일에 올바른 믿음을 가지고 적절히 반응하면 하나님께서 나를 치유하실 것이며, 믿음과 올바른 행위가 응답의 열쇠라고 생각했다. 앞서 말한 믿음과 올바른 행위라는 열쇠를 통해 응답 자물쇠 안의 모든 핀이 제대로 맞물리면 철컥 소리가 나면서 잠겼던 응답이 열리고 치유될 것이라고 말이다. 나는 내가 생각한 하나님의 치유를 받기 위해 매사를 믿음으로 살려고 정말 애썼다.

나뿐만 아니라 많은 사람이 믿는 이 그림에는 몇 가지 잘못된 부분이 있다. 먼저, 이 그림은 하나님 아버지를 모든 것이 딱 맞아떨어지지 않으면 은혜 베풀기를 꺼리는 까다로운 분으로 묘사한다. 만일 지금까지 내가 살면서 하나님께 올바르고 정확하게 반응할 때에만 은혜가 주어졌다면 결코 구원받지 못했을 것이다!

둘째, 이 왜곡된 그림은 응답을 마치 사자와 호랑이가 불로 된 고리를 통과하는 서커스처럼 내가 천국의 불 고리를 통과해서 원하는 것을 얻어내는 것이라고 보게 한다. 주님은 나를 사랑하셔서 나와 친밀한 관계를 맺기 위해 더 높은 곳으로 부르셨다. 단순히 내가 부르짖으면 하나님께서 공급하시는 것이 아니라 하나님은 내가 "동역자" 정신을 가지기를 원하신다.(고전 3:9) 참된 동역자 정신은 하나님의 마음을 온전하게 추구하고 그 마음으로 하나님의 갈망과 계획이 나의 것이 되게 하는 것이다. 하나님은 내가 하나님의 종에서 머물지 않고 동역자가 되어 하나님의 마음 깊은 곳을 나누어서 나를 통해 하나님의 뜻과 목적이 이 땅에 나타나기를 원하신다. 내가 그리스도의 참된 동역자가 될 때, 내가 생각하지 못한 놀라운 방식으로 나를 향한 하나님의 치유가 다가올 것이다.

예수님의 성숙한 동역자는 천국의 흐름과 같이 움직이며 아버지의 마음을 알 때까지 충분히 기다릴 줄 안다. 또 자기 힘이 아닌 성령님의 능력으로 순종하면서 이 땅에 하나님의 목적과 계획이 성취되도록 자기의 역할을 감당한다. 하나님의 동역자는 하나님으로부터 자신의 응답을 받아내려고 애쓰는 대신, 하나님의 뜻이 이 땅에 실현되도록 헌신하는 사람이며 이것이야말로 성령님 안에서 누리는 "하나님과의 우정"이다.

14장 종인가 친구인가?
A Servant, Or A Friend?

하나님과의 우정

13 사람이 자기 친구를 위하여 자기 목숨을 내놓는 것보다 더 큰 사랑은 없다. 14 내가 너희에게 명한 것을 너희가 행하면, 너희는 나의 친구이다. 15 이제부터는 내가 너희를 종이라고 부르지 않겠다. 종은 그의 주인이 무엇을 하는지를 알지 못한다. 나는 너희를 친구라고 불렀다. 내가 아버지에게서 들은 모든 것을 너희에게 알려 주었기 때문이다. (요 15:13~15)

나는 15년이 넘는 시간 동안 전임 사역자로서 예수님을 위해 최선을 다했고 그 결과 내 삶에 부어지는 하나님의 축복을 보았으며 하나님 나라가 확장되는 즐거움을 누렸다. 그러나 나는 충성스러운 종의 관계보다 더 높은 수준인 예수님과의 우정의 관계가 있음을 깨달았다. 하나님과 친구가 된다니 정말 놀랍지 않은가? 예수님께서 요한복음 15장에 하신 말씀에 근거하여 종과 친구의 몇 가지 차이점을 알아보자.

종인가 친구인가?

1. 그리스도 안에서 종이 되는 것은 큰 성취이지만 최고의 성취는 아니다. - 누군가가 마침내 자신의 삶을 온전히 예수님의 발아래 내려놓고 "주님, 저는 당신의 것입니다. 내 마음과 영혼을 다해 당신을 섬기겠습니다. 제게 말씀하시는 것은 무엇이든 순종하겠습니다"라고 말할 때 그 마음에 큰 기쁨이 임한다. 교회 안에 "믿는 자"는 많지만 "종"은 많지 않으며 하나님의 "친구"는 더 적다.

2. 종은 고용된 종업원과 같지만 친구는 경영에 참여하는 공동소유자다.

3. 종은 처리해야 할 일이 있는 곳이면 어디든 배치될 수 있다. 그러나 친구는 주인이 보기에 가장 중요한 영역에서 일한다.

4. 종과 친구의 기도는 다르다. - 종은 하나님의 손이 역사하기를 원하지만, 친구는 하나님의 마음을 알고 싶어 한다. 종의 목적은 빠르고 효과적인 일 처리이므로 이렇게 기도

한다. "주님, 제 일을 축복해 주세요!" 그러나 친구는 하나님께 이렇게 묻는다. "주님, 무엇을 원하시나요? 주님의 뜻을 알기 원합니다." 종은 주인이 자기의 이야기를 들어주기 원하지만, 친구는 주인의 마음을 알기 원한다. 친구는 하나님께 자신의 필요 때문에 열변을 토하는 것이 아니라 성령님의 마음을 알 때까지 잠잠히 머무른다. 종은 자신의 축복을 위해 기도하고 친구는 하나님의 뜻이 이 땅에 이루어지도록 기도하는 중보자가 된다.

　주님은 우리의 기도 목표가 "응답받는 것"을 뛰어넘도록 부르신다. 응답받는 기도는 분명히 효과적인 기도지만 최고의 것은 아니다. "응답받는 기도"라는 단어에 기도를 통해 하나님을 설득시켜 내가 원하는 것을 받아내려는 의도가 포함된 것은 아닌가? 여기에 응답받는 기도 보다 더 좋은 것이 있다. 바로 "협력 기도"다. 주님께서 우리를 "협력 기도"로 부르신다. 우리는 협력 기도를 통해 하나님의 온전하신 뜻을 구하고 그 뜻대로 기도하여 이 땅에 하나님의 뜻이 역사하는 중보적 통로가 된다.

5. 종은 결과로 자기가 맡은 일을 평가하지만 친구는 주인의 기쁨을 따라 평가한다. - 하나님 나라를 추구한 결과 그 열매는 거두지만 온전한 축복은 받지 못하는 경우가 있다. 우리는 자주 다음과 같은 이야기를 나눈다. "당신은 그 단체를 트집 잡을 수 없어요. 왜냐하면 그들에게는 결과물이

있거든요." 그러나 결과는 사역의 참된 가치를 평가하는 완벽한 기준이 아니다. 예수님은 많은 종이 중요한 결과물을 내지만 하나님과의 친밀한 관계가 없으므로 하나님 나라를 유업으로 받지 못할 것이라고 말씀하셨다.(마 7:22) 그들은 "주여 주여"라고 외치며 자기가 주님의 종임을 주장했지만 주님은 그들에게 "내가 너를 알지 못한다"고 하셨다. 친구는 자기 섬김이 어떻게 평가되는가에 연연하기보다 자기가 하는 일이 예수님께 기쁨이 되기를 바란다.

6. 종의 쟁점은 충성됨(마 25:21)이고 친구의 쟁점은 사랑(요 15:13)이다. - 마르다와 마리아 자매는 둘 다 예수님을 몹시 사랑했지만, 상당히 다른 방식으로 사랑을 표현했다. 마르다는 예수님을 충성스럽게 섬김으로써 자신의 사랑을 보여주었고 마리아는 예수님의 발치에 앉아 주의 깊게 말씀을 들으며 자신의 사랑을 보여주었다. 예수님은 마리아에게 "이 좋은 편을 택하였으니 빼앗기지 아니하리라"라고 칭찬하셨다. 충성스럽게 섬기느라 바쁜 마르다는 종의 차원에 머물렀지만, 마리아에게는 예수님의 친구가 되고픈 열정이 있었다. 종은 기꺼이 주인을 위해 일하고 친구는 주인과 함께 있기를 원한다.

7. 친구가 되는 것은 쉽지 않다. - 우정은 시간과 힘을 쏟아야 한다. 어떻게 보면 예수님과 주인 대 종의 수준에서 적당

히 관계를 유지하는 것이 더 편해 보일 때가 있다. 우정은 더 집중적인 힘과 많은 시간의 헌신이 필요하기 때문이다. 주인 대 종의 수준이 편할지는 모르지만, 보상이나 충만함은 친구에 비해 적다. 친구와 종은 모두 주인을 위해 일하지만 일이 끝난 후 종은 물러가고 친구는 주인과 함께 있다.

8. 모든 것 중에서 가장 흥미로운 차이점은 이 구절에서 예수님께서 보여주신 것이다. 종은 왜 자기가 그 일을 해야 하는지 알 필요 없이 그저 시킨 대로 한다. 그러나 예수님은 친구에게 모든 비밀을 알려주신다.

예수님은 말씀하셨다

"나는 너를 친구로 불렀기 때문에 내 아버지로부터 들은 것을 너에게 알려주었다. 아버지께서 나에게 말씀하신 모든 것을 너에게 밝히 알려주는 것이 네가 나의 친구가 되었다는 표시다." 예수님은 종과 친구를 다르게 대하신다. 종에게는 명령하시지만 친구에게는 다정하게 모든 것을 알려주신다. 종은 무엇을 해야 하는지 듣지만 친구는 왜 해야 하는지 이유를 듣는다. 예수님은 친구에게 자신의 궁극적인 목적을 알려주신다.

"종의 목적은 빠르고 효과적인 일 처리이므로 이렇게 기도한다. "주님, 제 일을 축복해 주세요!" 그러나 친구는 하나님께 이렇게 묻는다. "주님, 무엇을 원하시나요? 주님의 뜻을 알기 원합니다." 종은 주인이 자기의 이야기를 들어주기 원하지만, 친구는 주인의 마음을 알기 원한다."

15장 예수님의 목적에 순종하다
OBEDIENCE TO HIS PURPOSES

비전 대 목적

나는 매년 직접 목표를 세워서 우리 교회의 사역자들에게 목표를 달성하도록 권고하는 비전의 사람이었다. 지도력 관련 서적의 대부분이 비전을 가지고 목표를 설정한 후 그 목표를 향해 전진하는 방법을 알려준다. 우리는 이런 비전 중심의 지도력 서적을 기반으로 사역하면서 향후 5년과 그다음 10년을 위한 비전을 세우고 비전 선언문, 사명 선언문을 선포한 후 하나님 나라의 확장을 위한 방법을 배우고 실천하기 위해 회의를 연다. 그래서 대다수 교회와 사역자들은 비전을 따르는 지도자인 경우가 많다.

그런데 한 가지 문제가 있다. 하나님은 이 땅에 비전을 통해 역사하지 않으신다는 점이다. 이럴 수가! 우리의 큰 비전이 하나님께 아무 의미가 없다고? 그러면 하나님은 어떻게 역사하실까? 하나님은 비전이 아니라 목적^{DESTINY}이 있으시다. 전 인류를 향한 하나님의 확고한 목적은 반드시 성취될 것이다. "비전"은 더 좋아질 미래를 향한 긍정적 소망이지만 성취한 것이 아니라 성취해야 할 목표다. 그러나 하나님께서 품으신 뜻과 계획은 성취를 "소망"하는 것이 아니라 이미 성취되었다. 하나님께서 우리에게 주시는 비전(합 2:2)은 늘 하나님의 뜻과 목적을 따르기 때문에 하나님에게서 온 참된 비전은 소망하는 데서 그치지 않고 반드시 이루어질 것이다. 기억하자, 하나님의 뜻과 목적은 반드시 이루어진다.

안타깝지만 우리에게는 다 이루지 못하고 흐지부지해진 비전 목록이 산더미같이 쌓여 있다. 사실 우리가 지금까지 하나님의 비전이라고 한 많은 것이 사람의 짧은 생각과 소망에서 시작한 것임을 증명하는 것은 그리 어렵지 않다. "이렇게 할 것이다, 저렇게 할 것이다." 하나님의 목적에서 나오지 않은 비전은 성취될 수 없으며, 억지로 밀어붙여 성공한 것처럼 보여도 과정에서 많은 상처를 남기고 결론적으로 허무함으로 끝난다. 좋은 하나님을 위해 무엇을 할 수 있는가를 자의적으로 판단하여 비전이라는 이름으로 정의하고 발전시키지만, 친구는 하나님의 음성을 통해 삶과 사역을 향한 하나님의 목적을 품는다.

창의력과 순종

하나님은 우리가 창의적이기보다 순종하기를 요구하신다. 안타깝게도 기독교 지도자들의 인간적인 창의력에서 나오는 기발한 방법들이 신자들을 하나님의 마음에서 나온 방법이 아니라 인간적인 노력에 동원하므로써, 하나님 나라에 해를 입히는 경우가 자주 있다. 우리가 보기에 그럴듯해 보이는 좋은 생각이 오히려 하나님의 목적이 성취되는 것을 제한하고 방해 한다. 하나님의 방법은 이것이다. "내가 너에게 말할 때까지 기다려라." 순종에는 경청이 필요하지만, 창의력에는 잘 짜인 계획이 필요하다. 그래서 하나님의 뜻을 알기 위해 하나님께 귀 기울여 기다리고 순종하는 것보다 내 창의력에서 나오는 기발한 아이디어로 순발력 있게 일하기가 훨씬 쉽다.

하나님의 마음과 뜻을 알기 위해 기다리기가 힘든 이유는 하나님께서 언제 말씀하실지 알 수 없기 때문이다. 며칠, 몇 주, 몇 달, 심지어 몇 년을 기다려야 할지도 모른다. 나는 언젠가 하나님께 이렇게 고백한 적이 있다. "주님, 저는 당신이 말씀하시기 전에 창의적이고 기발한 아이디어를 열 가지나 떠올릴 수 있습니다!" 그러나 이때가 진짜 시험이 시작되는 순간이다. 우리가 마침내 하나님의 말씀을 들을 때 그분의 생각은 언제나 기다릴만한 가치가 있다는 것을 깨닫는다. 하나님의 단 한 가지 생각이 우리가 가장 효과적이라고 생각하는 수많은 계획보다 훨씬 더 효과적이다.

창의력이 아니라 하나님의 음성을 따라 사는 삶은 자신이 별로 창의적이지 않다고 생각하는 사람들에게 좋은 소식이다. 우리 주변에 많은 사람이 뛰어난 창의력을 타고난 사람들에게서 열등감을 느낀다. 그러나 우리 모두가 하나님 앞에서 창의적이기보다 하나님의 말씀을 듣고 순종하도록 부르심 받았다면 창의적이든 덜 창의적이든, 재능이 많든 부족하든 상관없이 모두 다 같은 출

발점에 서서 공평하게 뛸 수 있다. 우리가 타고난 재능과 상관없이 하나님의 말씀을 듣고 순종해야 한다는 원칙을 인정하고 받아들일 때, 마음에 큰 자유가 임할 것이다.

비전으로 사는 종은 앞으로 일어날 일의 기대감으로 살지만, 하나님의 친구는 단순한 기대감이 아니라 앞으로 확실하게 일어날 일의 자신감 속에 살면서 종보다 훨씬 더 많은 것을 성취한다. 하나님의 친구는 기발한 인간적 창의력으로 하나님의 뜻과 일을 복잡하게 만들지 않고 그저 하나님의 뜻을 따라 하나님의 방법으로 산다.

하나님의 길과 방법

놀랍게도 당신이 하나님의 음성을 듣고 실천할 때 주변 사람들은 당신의 "창의력"에 감탄할 것이다. 이유는 단순하다. 하나님의 생각과 방법은 우리와 다르므로 우리의 창의력을 내려놓고 하나님의 음성에 순종할 때, 우리의 제한적인 창의력이 아닌 놀랍도록 탁월한 하나님의 창조성이 나타나기 때문이다.

> 8 "나의 생각은 너희의 생각과 다르며, 너희의 길은 나의 길과 다르다." 주님께서 하신 말씀이다. 9 "하늘이 땅보다 높듯이, 나의 길은 너희의 길보다 높으며, 나의 생각은 너희의 생각보다 높다."
> (사 55:8~9)

만일 당신의 어떤 아이디어가 특별하게 느껴진다면, 하나님의 길과 상당히 다르다고 확신해도 좋다. 하나님의 사고방식은 우리와 조금 다른 것이 아니라 완전히 다른 차원이다. 우리가 받은 하나님의 음성이 하나님의 것인지 분별하는 한 가지 방법이 있는데, 하나님의 뜻은 우리의 힘으로는 도저히 해낼 수 없는 경우가 많다는 것이다.

하나님의 길은 언제나 우리의 길과 다르므로 종종 우리는 당혹스러움을 느낀다. 그러나 하나님은 우리가 자신과 다른 것에 자연스럽게 매력을 느끼도록 만드셨기 때문에 높으신 하나님의 차원에 언제까지 당혹스러워할 것이 아니라 마음을 바꿔 매력을 느끼려고 해야 한다. 이제 하나님의 길과 방법을 당혹스러워하기보다 하나님의 길에 매혹되기로 하자. 우리가 하나님의 길을 이해할 수 없다는 사실이 하나님을 더 알기 원하는 갈망에 기름 부어줄 것이다.

상상력 너머

바울은 에베소서 3:20에서 이렇게 쓴다, "우리 가운데서 일하시는 능력을 따라, 우리가 구하거나 생각하는 것 이상으로 더욱 넘치게 주실 수 있는 분에게." 우리의 생각과 상상력을 초월하여 역사하시는 분이 우리 안에 계시다. 여러분의 삶에 역사하기 원하시는 하나님의 생각을 편협한 창의력으로 제한하고 있지는 않은가?

나는 이제 기발한 아이디어를 받아 적을 펜과 메모장을 손에 들고 하나님 나라를 위해 할 수 있는 것을 상상하는 데 시간을 소비하지 않는다. 이제 우리의 인간적인 창의력을 끊고 우리 안에 거하시며 역사하시는 하나님의 놀라운 능력이 나타나도록 하나님을 추구하자. 바울은 계속해서 이렇게 말한다.

"교회 안에서와 그리스도 예수 안에서, 영광이 대대로 영원무궁하도록 있기를 빕니다. 아멘"(엡 3:21) 내 생각은 어느 정도 나의 유익을 추구하지만, 하나님의 생각은 오직 하나님의 영광을 추구하기 때문에 하나님의 생각이 우리의 생각보다 더 좋고 안전하다.

"**하나님**의 종은 앞으로 일어날 일의 비전에서 나오는 기대감으로 살고 하나님의 친구는 단순한 기대감이 아니라 앞으로 일어날 일을 확신 있게 하므로 종보다 훨씬 더 많은 것을 성취한다."

16장 하나님의 친구 되기
BECOMING HIS FRIEND

우리는 "나는 하나님의 친구입니다"라고 말하기 좋아한다. 하지만 진실은 "하나님께서 나의 친구" 이시다. 누가 하나님의 친구인지 결정하는 것은 하나님이시기 때문에 성경에서 스스로 하나님의 친구라고 주장한 사람은 없다. 하나님의 친구로 알려진 아브라함도 스스로 하나님의 친구라고 하지 않았으며 하나님께서 친구라고 불러주셨다.

아브라함

그래서 "아브라함이 하나님을 믿으니, 하나님께서 그것을 아브라함의 의로움으로 여기셨다"고 한 성경 말씀이 이루어졌고, 또 사람들이 그를 하나님의 벗이라고 불렀습니다. (약 2:23)

아브라함은 성경에서 하나님의 친구로 불렸다. 아브라함은 비전의 사람이 아니라 하나님께서 자신의 뜻을 계시하기 위해 선택한 사람이었다. 다음 말씀에서 이것을 아주 분명하게 확인할 수 있다.

> 17 그 때에 주님께서 말씀하셨다. "내가 앞으로 하려고 하는 일을, 어찌 아브라함에게 숨기랴? 18 아브라함은 반드시 크고 강한 나라를 이룰 것이며, 땅 위에 있는 나라마다, 그로 말미암아 복을 받게 될 것이다. 19 내가 아브라함을 선택한 것은, 그가 자식들과 자손을 잘 가르쳐서, 나에게 순종하게 하고, 옳고 바른 일을 하도록 가르치라는 뜻에서 한 것이다. 그의 자손이 아브라함에게 배운 대로 하면, 나는 아브라함에게 약속한 대로 다 이루어 주겠다." 20 주님께서 또 말씀하셨다. "소돔과 고모라에서 들려 오는 저 울부짖는 소리가 너무 크다. 그 안에서 사람들이 엄청난 죄를 저지르고 있다. 21 이제 내가 내려가서, 거기에서 벌어지는 모든 악한 일이 정말 나에게까지 들려 온 울부짖음과 같은 것인지를 알아보겠다." 22 그 사람들은 거기에서 떠나서 소돔으로 갔으나, 아브라함은 주님 앞에 그대로 서 있었다. (창 18:17~22)

이 구절에서 하나님의 친구이자 영적 아버지인 아브라함의 두 가지 성품에 주목하라. 하나님은 아브라함에게 자신의 목적을 알리기로 하셨다. 아브라함은 하나님을 알았고 하나님은 아브라함을 아셨다. 아브라함은 하나님과 하나님의 목적을 향한 이해가 자라면서 궁극적인 우정의 시험을 통과하는 지점에 이르렀다.

하나님은 예수님의 죽음과 부활을 예언적으로 보여줄 사람이 필요했다. "내 목적에 완전히 순종할 사람이 필요하다. 그는 내가 독생자를 어떻게 대할지 보여주는 실제적인 예가 될 것이다. 이것을 위해 아주 특별한 사람, 참된 영적 아버지의 세계로 들어간 사람이 필요하다. 만일 그런 사람을 찾을 수 있다면 그는 진실로 나의 친구가 될 것이다."

마침내 하나님께서 아브라함에게 요청하셨을 때, 아브라함은 머뭇거리지 않고 즉시 외아들 이삭을 데리고 사흘 길을 걸어 말씀하신 곳에 갔다. 하나님은 아브라함의 절대적인 순종을 보시고 이렇게 말씀하셨다, "아브라함은 정말 나의 친구로구나!" 지금 우리와 하나님의 친밀한 관계는 오래전 아브라함이라는 한 사람이 하나님의 친구가 된 덕분에 누리는 것이다. 아브라함은 우리의 영적 아버지이며 우리는 그의 영적인 유업이다.

하나님은 아브라함을 매우 기뻐하셨으며 그를 선택하셔서 위대한 축복의 언약을 주셨다. 하나님의 친구에게는 큰 유업이 주어진다. 하나님께서 아브라함에게 주신 놀라운 언약을 가만히 보면, 그 언약을 성취하기 위해 아브라함이 할 수 있는 것이 아무것도 없었으며 아브라함이 할 수 있는 유일한 것은 오직 자기에게 하신 말씀을 믿고 하나님께 순종하는 것이었다.

하나님과의 우정으로 가는 길

이제 여러분의 마음에 이런 질문이 생길 것이다. "어떻게 하면 하나님의 친구가 될 수 있습니까?" 앞서 말한 대로 우정을 위해서는 우선순위와 시간을 포함한 많은 것을 헌신해야 하므로 하나님의 친구가 되기는 절대 쉽지 않다. 사람도 서로 의미 있는 관계가 되기 위해서 성격과 관심사 같은 영역에 상호 반응이 있어야 한다. 문제는 하나님은 우리를 정말 사랑하시지만, 우리가 너무나 자기중심적이라 우리는 스스로 종의 수준에 묶여 있다는 점이다. 예수님은 하나님과의 깊은 우정으로 가는 길이 절대적인 순종으로 이루어져 있다고 분명히 말씀하셨다. "내가 너희에게 명한 것을 너희가 행하면, 너희는 나의 친구다"(요 15:14) 이 말씀은 이런 뜻이다. "네가 내 말에 철저히 순종할 때 하나님과의 우정에 이르는 길이 열릴 것이다."

하나님과의 우정의 시험은 "하나님께서 당신에게 말씀하실 때까지 기다릴 것인가?"이다. 종은 하나님으로부터 분명한 지시를 듣지 않고 자신이 내린 최적의 판단을 이용해 어떻게 할지 선택한다. 종은 멈춰서 기다리지 못하고 끊임없이 무언가를 하려고 한다. 그러나 친구는 하나님의 말씀을 듣고 순종하려는 강한 열의가 있으므로 기다릴 줄 안다. 살다 보면 종종 급하게 결정해야 하는 순간이 있는데, 하나님은 유독 우리가 정말 급할 때 아무 말씀도 하지 않으시는 것처럼 느껴진다. 이런 상황에 우리는 이렇게 기도한다. "주님, 이제 곧 있으면 자정입니다, 결정해야 합니다!" 그러나 하나님은 아무 말씀이 없으시다. "주님, 이제 자정이 지났습니다! 제가 어떻게 하기를 원하시나요?" 하나님은 가끔 우리를 위해 우리가 세워놓은 한계가 지나기를 기다리신다. 주인의 친구가 되기 위해서 주인의 지시를 기다리는 훈련이 꼭 필요하기 때문이다. 그러나 이 기다림의 훈련은 하나님의 종에게는 불같은 시험이다. 만일 종이 자기가 정해 놓은 마감 시간을 지나서도 기다릴 수 있다면, 그는 하나님과의 우정을 배울 것이다. 이제 주님께서 도우셔서 우리의 판단이 최선이 아님을 깨닫도록 기도하자.

하나님께서 말씀하실 때까지 우리가 할 수 있는 것은 하나님께 100% 순종하며 더 높은 곳으로 이끌어 달라고 기도하는 것이다. 궁극적으로 하나님과의 우정은 우리가 어떻게 할 수 있는 것이 아니다. 우리는 성령님의 강력한 역사를 통해 하나님과의 깊은 우정으로 들어간다. 성령님께서 우리에게 전능하신 하나님의 친구가 되는 것이 어떤 의미인지 계시하실 때, 우리 마음속에서 간절한 기도가 일어난다. "주님, 나의 발을 더 높은 곳에 세워주소서." 우리 스스로 그렇게 할 수 없으므로 오직 하나님께 자신을 이끌어달라고 간절히 구할 수밖에 없으며 하나님께서 당신의 마음에 간절한 부르짖음을 친히 두시고 인도하신다. 결국, 하나님과의 우정은 시작부터 끝까지 모두 하나님께서 하시는 일이다.

착각하지 말자. 우리가 하나님의 친구가 되기로 선택한 것이 아니라 하나님께서 우리를 높은 차원의 관계로 초대하셨다. 이것은 누가복음 14:10에 나오는 원칙이다, "네가 초대를 받거든, 가서 맨 끝자리에 앉아라. 그리하면 너를 청한 사람이 와서, 너더러 '친구여, 윗자리로 올라앉으시오' 하고 말할 것이다. 그 때에 너는 너와 함께 앉은 모든 사람 앞에서 영광을 받을 것이다." 하나님께서 우리를 더 높은 수준의 우정의 자리로 부르신다. 정말 놀라운 일 아닌가?

여호수아

"주님께서는, 마치 사람이 자기 친구에게 말하듯이, 모세와 얼굴을 마주하고 말씀하셨다. 모세가 진으로 돌아가도, 눈의 아들이며 모세의 젊은 부관인 여호수아는 장막을 떠나지 않았다." (출 33:11)

여호수아는 하나님의 친구가 되기를 갈망했던 또 다른 성경 인물이다. 이 말씀에서 모세는 하나님과의 친밀함의 가장 높은 영역인 "대면"하는 차원으로 들어갔기 때문에 하나님의 친구이며 여호수아는 부관(종)이라고 한다. 비전과 열정이 넘치는 하나님의 젊은 종 여호수아는 하나님과 모세의 우정을 보고 자신이 경험한 것 이상의 높은 차원이 있음을 깨달았다. 그래서 여호수아는 어떻게 했는가? 그저 어깨를 으쓱이면서 "하나님께서 모세를 선택하시든 말든, 내가 이 광야에서 죽는 건 말도 안 되지"라고 했을까? 아니다. 여호수아는 모세가 진으로 돌아온 후에도 회막을 떠나지 않고 하나님께 더 가까이 나아갔다. 이것은 바로 요한복음 15장에 나오는 예수님의 초대이다. "내 안에 거하라." 친구는 아무런 이유가 없어도 같이 있으면 즐겁기 때문에 함께한다.

우정의 표시

나는 하나님의 친구들에게서 다음 세 가지 특징을 발견했다.

1. 친구는 금식한다. 금식은 예수님과의 참된 우정으로 들어간 사람들의 영역이다.

34 예수께서 그들에게 말씀하셨다. "너희는 혼인 잔치의 손님들을, 신랑이 그들과 함께 있는 동안에 금식하게 할 수 있겠느냐? 35 그러나 신랑을 빼앗길 날이 올 터인데, 그 날에는 그들이 금식할 것이다." (눅 5:34~35)

2. 친구는 경외한다. 예수님께서 말씀하신다. "내 친구들이여, 나를 경외하라." 친구는 하나님과 놀라운 친밀함으로 들어갔다고 해서 가볍고 경솔한 태도를 보이지 않으며, 오히려 하나님을 가까이 알았기 때문에 경외한다.

4 "내 친구인 너희에게 내가 말한다. 육신은 죽여도 그 다음에는 그 이상 아무것도 할 수 없는 자들을 두려워하지 말아라. 5 너희가 누구를 두려워해야 할지를 내가 보여 주겠다. 죽인 다음에 지옥에 던질 권세를 가지신 분을 두려워하여라. 그렇다. 내가 너희에게 말한다. 그분을 두려워하여라" (눅 12:4~5)

3. 친구는 언제나 사랑한다. 하나님의 친구는 가장 힘든 시간에도 하나님을 사랑한다. 고난은 하나님과의 우정의 리트머스 시험지와 같다. 하나님께서 내 삶에 설명할 수 없을 정도로 충격적인 상황을 허락하셨을 때에도 나는 여전히 하나님을 사랑하는가?

사랑이 언제나 끊어지지 않는 것이 친구이고, 고난을 함께 나누도록 태어난 것이 혈육이다. (잠 17:17)

"**하나님**께서 말씀하실 때까지 우리가 할 수 있는 것은 하나님께 100% 순종하며 더 높은 곳으로 이끌어 달라고 기도하는 것이다. 궁극적으로 하나님과의 우정은 우리가 어떻게 할 수 있는 것이 아니다. 우리는 성령님의 강력한 역사를 통해 하나님과의 깊은 우정으로 들어간다."

17장 신랑의 친구
THE BRIDEGROOM'S FRIEND

하나님과의 우정을 말할 때 빼놓을 수 없는 또 한 사람이 세례요한이다. 세례요한을 빼놓고서 하나님과의 우정이라는 주제를 완성할 수 없다.

> 29 신부를 차지하는 사람은 신랑이다. 신랑의 친구는 신랑이 오는 소리를 들으려고 서 있다가, 신랑의 음성을 들으면 크게 기뻐한다. 나는 이런 기쁨으로 가득 차 있다. 30 그는 흥하여야 하고, 나는 쇠하여야 한다. (요 3:29~30)

세례요한이 말씀을 전하고 세례를 주던 곳에 예수님께서 나타나시자 모인 무리가 세례요한을 떠나 예수님 주변으로 모이기 시작했다. 이 광경을 본 세례요한의 제자들이 세례요한에게 이 사실을 알리면서 예수님을 어떻게 생각하는지 묻자 요한은 예수님을 "신랑"으로, 자신을 "신랑의 친구"로 설명했다. 세례요한은 자신이 예수님의 친구라고 고백한 것이다. 아래 요한복음 3:29 도표가 이 말씀을 이해하는 데 도움이 될 것이다.

요한복음 3:29		
세 인물	당시	현재
신랑	예수님	예수님
신부	이스라엘 백성	교회
신랑의 친구	세례요한	사역자들

세례요한은 제자들의 질문에 신랑과 신부와 신랑의 친구라는 세 단어를 사용해 그림을 묘사하듯 답했다. 요한이 말한 신랑은 예수님을, 신부는 유대인을 의미했고 신랑의 친구는 세례요한 자신이었다. 이 구절은 현대를 사는 우리에게도 적용된다. 예수님은 여전히 신랑이시며 신부는 더 완전한 의미에서 교회이고 신랑의 친구는 그리스도의 다시 오심을 위해 교회를 준비하도록 부르심 받은 사역자들을 대표한다. 하나님은 요한이 그리스도의 초림을 위해 사람들을 준비시켰듯이 예수님의 재림을 위해 교회를 준비시킬 예수님의 참된 친구들이 일어나기를 원하신다.

결혼의 상징

세례요한의 답에 담긴 임박한 혼인 예식의 생생한 그림은 우리에게 몇 가지 교훈적인 원칙을 의미심장하게 전달한다.

원칙 1 : 신랑은 "신부를 소유한다."

신랑은 신부의 마음을 소유한다. 예수님은 십자가 위에서 죽으심으로 교회의 모든 헌신과 사랑을 얻으셨다. 교회는 오직 예수님만을 바라보며 모든 생각과 갈망에 예수님을 두고 예수님께 완전하고 철저하게 사로잡혀야 한다.

원칙 2 : 친구의 역할은 신랑이 올 때까지 신부를 섬기는 것이다.

현대적 표현으로 신랑의 친구는 THE BEST MAN(신랑 들러리-역주)라고 불린다. 신랑의 친구는 신랑의 결혼 준비를 돕는 임무가 있다. 신랑(예수님)은 아직 신부와 떨어져 있으므로 결정적인 순간을 위해 친구(사역자)는 신부(교회)의 편에 서서 돕는다. 신랑의 친구는 혼인 예식을 위해 신부를 돕고, 보호하며, 준비시킨다.

원칙 3 : 친구는 신랑을 향한 신부의 사랑을 북돋는다.

그런데 그리스도의 신부에게 문제가 하나 있다. 신랑은 하늘에 있고 신부는 이 땅에 남아 있다는 것이다. 신랑이 다시 오심이 지연될수록 신부의 집중력은 흐트러져서 신랑의 친구에게 이렇게 말한다. "맞아요, 그분과 사랑에 빠졌던 때가 기억나요. 그분은 정말 멋져요. 나는 그분을 정말로 사랑해요. 한때는 그분을 위해 무엇이라도 포기할 수 있었죠. 하지만 지금은 너무 오래되어서 기억이 가물가물하고 확신이 서지 않아요. 이 세상이 얼마나 멋진지 한번 보세요. 세상의 유혹을 거절할 만큼 내가 기다리는 신랑이 가치 있으신 분인 걸까요?"

신랑의 친구는 신부에게 할 말이 있다. 신랑의 친구는 신랑의 아름다움과 위대함을 잘 알고 있으므로 신부에게 신랑의 아름다움과 신부의 기다림의 가치를 분명하게 설명할 수 있다. 친구는 신부에게 이렇게 말한다, "내 말을 잘 들어보세요. 다른 것에 한눈팔지 마세요. 당신이 기다리는 신랑의 아름다움에 비하면 다른 즐거움은 그저 쓰레기일 뿐입니다. 당신은 세상에서 가장 행복한 신부입니다. 신랑과 같은 분은 없습니다! 가장 잘생긴 분의 사랑을 얻었기 때문에 다른 처녀들이 당신을 질투할 정도예요. 제 말을 믿으세요. 신랑이 당신을 선택했습니다. 다른 값싼 대체물과 신랑을 바꾸지 마세요. 오직 신랑을 위해 순결을 지키세요!"

친구는 마음이 약해진 신부에게 신랑의 아름다움을 다시금 떠올리게 한다. 신랑의 빛나는 얼굴, 불같은 눈, 그 입에서 나오는 기쁨의 말씀, 신랑께서 신부를 얼마나 사랑하는지 들으면서 신부는 이렇게 고백한다. "네, 네! 당신이 맞아요! 어쩌면 이렇게 놀라운 사랑을 잊어버릴 수 있을까요? 신랑은 묘사할 수 없을 만큼 아름다우신 분이에요. 오직 신랑을 위해 나 자신을 지키겠어요!" 이렇게 친구는 신랑의 참된 친구로서의 역할을 감당한다.

신부의 문제 : 신랑이 다시 오심이 지연되는 동안 자신의 사랑을 순결하게 지키면서 전적으로 헌신할 것인가?

원칙 4 : 친구는 신부의 아름다움에 자신의 마음을 지켜야 한다.

신랑의 다시 오심이 지연되는 동안 신부를 지키는 신랑의 친구에게 다가오는 유혹은 신부를 가로채는 것이다. 신부는 신랑을 향한 열정과 사랑이 가득하고 놀라울 만큼 아름다워서 쉽게 눈에 띄며 언제든지 이용당할 위험에 노출되어 있으므로 신랑의 친구가 악한 마음만 먹으면 언제든지 신랑의 빈자리를 이용해 신부의 사랑을 가로챌 수 있다. 신부는 신랑을 기다리는 동안 신랑의 친구에게 그 역할에 합당한 대접을 하는 것은 좋지만 신랑을 위해 고이 간직해야 할 사랑을 신랑의 친구와 공유해서는 안 된다. 만일 신랑의 친구가 참된 친구라면 신부의 사랑을 얻을 기회가 있어도 신랑을 향한 신부의 사랑을 보호하고 지켜줄 것이다.

앞서 본 대로 신랑의 친구는 신부를 섬기도록 부름을 받은 사역자를 의미한다. 안타깝게도 많은 사역자가 신랑을 향한 신부의 사랑을 가로챘다. 나도 그 범인 중 한 사람이기 때문에 나는 이 안타까운 일을 솔직하게 말할 수 있다. 신부를 섬기는 사역자들이여, 만일 우리가 그리스도의 참된 친구라면 신부가 우리의 능력과 어떠함이 아닌 그리스도의 아름다운 얼굴에 집중하도록 돕자.

원칙 5 : 친구는 쇠해야 한다

그는 흥하여야 하고, 나는 쇠하여야 한다. (요 3:30, 새번역)

그분은 더욱 커지셔야 하고 나는 작아져야 한다.(공동번역)

그분은 점점 더 위대해질 것이고, 나는 점점 더 사람들의 관심에서 멀어지게 될 것이다. (쉬운성경)

세례요한은 예수님께로 가는 무리를 보면서 사람들이 더 이상 자신의 메시지에 관심이 없다는 것을 깨달았다. 세례요한은 이미 예수님을 위해 마음속으로 퇴장할 준비를 했지만, 고통스러운 일이었을 것이다. 신랑의 친구는 신랑이 오시기 전에 신부를 위해 자신의 삶을 내려놓고 신부에게 필요한 것을 모든 것을 공급하며 돕고 보호하고 격려하며 인도하고 희생한다. 이 모든 섬김의 이유는 자신이 신랑의 친구이기 때문이다. 신랑이 돌아올 때 모든 것이 한순간에 변화되어 신부는 신랑의 친구를 완전히 잊어버린다.

신랑의 친구가 맡은 임무의 결론은 잊혀지는 것이다. 이 사실을 미리 아는 친구의 마음에는 "버려지는 두려움"이라는 유혹이 있다. 나는 친구가 신랑에게 불평하는 모습이 떠오른다. "이것 보세요, 당신이 없는 동안 신부를 위해 모든 것을 했는데 막상 당신이 돌아오니 이제 나는 애초부터 없던 사람이 되었네요." 친구의 말이 맞다. 신랑이 돌아오면 신부는 친구를 완전히 잊을 것이다.

친구는 신부의 신랑이 누구인지 분명히 기억해야 한다. 신부의 신랑은 친구가 아니다. 참된 신랑의 친구는 신랑을 위해 퇴장하는 것을 기뻐한다. 신랑과 신부가 서로 눈물과 기쁨과 감격으로 가득한 재회를 지켜보는 것이 친구의 참된 성취다. 예수님의 친구였던 세례요한은 이렇게 말했다, "신랑의 친구는 신랑이 오는 소리를 들으려고 서 있다가, 신랑의 음성을 들으면 크게 기뻐한다. 나는 이런 기쁨으로 가득 차 있다."

세례요한의 고백은 이런 의미다. "신랑이 나타나기 전에 사람들의 관심은 나에게 집중되었다. 그러나 이제 신랑께서 나타나셨으니 사람들의 관심은 나에게서 멀어질 것이다. 나는 이것을 기뻐한다! 내 인기가 줄어들고 신랑의 인기가 늘어나는 것이 나의 참된 기쁨이다!" 주님께서 이 시대에 세례요한의 마음을 가진 신랑의 친구들을 많이 일으키신다. 이들이 그리스도의 재림을 준비하는 좋은 그릇이 되기를 기도한다.

왕의 내시 헤개

예수님은 이렇게 말씀하셨다. "모태로부터 그렇게 태어난 고자도 있고, 사람이 고자로 만들어서 된 고자도 있고, 또 하늘 나라 때문에 스스로 고자가 된 사람도 있다. 이 말을 받아들일 수 있는 사람은 받아들여라."(마 19:12) 세례요한은 하나님 나라를 위해 미혼으로 살면서 예수님의 말씀을 지켰다. 고대의 왕들은 곁에 내시를 두었다. 페르시아의 아하수에로 왕을 섬기는 내시가 많았지만 가장 유명한 내시는 헤개라는 사람이었다. 에스더서에서 이 내용을 확인할 수 있다.

> 드디어 모르드개의 삼촌 아비하일의 딸, 곧 모르드개가 자기의 딸로 삼은 에스더가 왕에게 나아갈 차례가 되었다. 에스더는 궁녀를 돌보는 왕의 내시 헤개가 하라는 대로만 단장을 하였을 뿐이고, 다른 꾸미개는 요구하지 않았다. 그런데도 에스더는, 누가 보아도 아리따웠다. (더 2:15)

아하수에로 왕이 새 왕비를 구하자 전국의 많은 처녀가 궁에

모여 왕을 만날 준비를 했다. 에스더는 그중에서 선택된 한 명이었으며 아하수에로 왕 앞에 서기 위해 여러 달 동안 관리를 받아야 했는데, 그 준비과정을 왕의 내시 헤개가 맡았다. 아하수에로 왕이 에스더를 관리할 신하로 내시 헤개를 지명한 이유는 단순하다. 내시 헤개는 왕을 위해 다른 감정 없이 에스더를 준비시킬 수 있었기 때문이다.

영적 내시

하나님께서 지금 "영적 내시"들을 일으키신다. 이것은 단순히 하나님께서 순결 서약을 한 사람을 일으키신다는 의미가 아니라 사람의 관심과 사랑을 갈구하는 욕망을 제거하고 하나님과 신부를 섬길 영적 사역자들을 일으키신다는 것을 의미한다. 하나님은 영광스러운 혼인 잔치를 위해 "영적 내시"된 사역자들에게 신부를 준비시키는 가장 거룩하고 친밀한 임무를 맡기실 것이다.

그리스도의 다시 오심을 위해 세례 요한과 내시 헤개처럼 자기가 맡은 거룩한 과업을 위해 인간적인 욕망을 제거한 사역자들이 신부를 준비시킬 자격을 얻는다. 신랑의 신부를 지키는 영적 내시 된 사역자들은 자신을 지명한 왕을 충성스럽게 섬기고 인간적인 칭찬과 관심을 갈망하는 욕망을 제거하기 원한다. 이를 위해 이들은 극심한 연단의 과정을 거쳐 주님이 기뻐하시는 일만 행하게 된다. 신랑의 참된 친구는 자기의 기쁨과 유익을 구하지 않는다. 영적인 내시가 신랑과 신부의 진정한 친구가 될 것이다.

18장 하나님과의 우정 : 고통과 영광
Friendship With God : The Pain And The Glory

9 아니면, 무엇을 보러 나갔더냐? 예언자를 보려고 나갔더냐? 그렇다. 내가 너희에게 말한다. 그렇다. 그는 예언자보다 더 훌륭한 사람이다. 이 사람을 두고 성경에 기록하기를, 10 '보아라, 내가 내 심부름꾼을 너보다 앞서 보낸다. 그가 네 앞에서 네 길을 닦을 것이다' 하였다. 11 내가 진정으로 너희에게 말한다. 여자가 낳은 사람 가운데서 세례자 요한보다 더 큰 인물은 없었다. 그런데 하늘나라에서는 아무리 작은이라도 요한보다 더 크다. (마 11:9~11)

예수님은 세례요한을 두고 "선지자보다 더 훌륭한 사람"이라고 말씀하셨다. 세례요한은 강력한 은사와 기름부음으로 충만했으며 에베소서 4:11에 나오는 사도와 선지자, 복음전도자, 교사, 목사의 다섯 가지 역할을 모두 해낸 유일한 사람이다. 그렇지만 예수님은 "하늘나라에서 아무리 작은이라도 요한보다 더 크다"라고 말씀하셨다. 여러분 주위에 "강력한 작은 이"들이 있다!

우리 주변에는 하나님으로부터 큰 은사나 기름부음과 상관없이 평범해 보이는 "작은 이"들이 많다. 이들은 지도력을 발휘하는 위치보다 바닥을 닦고 화장실을 청소하는 것처럼 눈에 띄지 않는 위치에서 주로 섬긴다. 이 종들은 큰 재능은 없지만, 눈물로 예수님의 발을 씻겼던 여인처럼 순전함과 단순함으로 주님을 충성스럽게 사랑하면서 성실하게 자기가 할 수 있는 일을 하며 산다.

이 땅에서는 보잘것없어 보이는 작은 이들의 평범한 삶이 천국에서는 예수님을 향한 사랑으로 가득 찬 크고 위대한 삶으로 인정될 것이다. 그 이유는 작은 이들의 헌신은 큰 성취를 얻으려는 인간적인 욕망에서 시작한 것이 아니기 때문이다. 작은 이들은 사람들의 칭송을 얻기 위해 하나님을 섬긴 것이 아니라 비록 하찮은 일이라도 예수님을 사랑하는 마음으로 신실하게 섬겼다.

작은 이들의 신실함은 탁월한 사역에서 오는 것이 아니라 예수님과의 깊고 친밀한 관계에서 오며 그들의 마음이 온전히 예수님의 것이기 때문에 사람의 인정을 구하지 않는다. 우리 하나님은 작은 이들의 사랑이 가장 큰 사랑이라고 칭찬하실 것이다.

성공을 향한 기준은 나의 어떠함이 아니라 하나님의 임재에 있어야 한다. 사람 앞에서는 성공한 삶 같아도 하나님 앞에서는 실패한 것일 수 있으며 하나님과 절대적인 사랑의 관계를 맺을 때, 비로소 성공적인 삶이다. 우리는 사역의 성취가 하나님이 우리를 인정하시는 척도라고 착각하고 자신과 주변을 더욱더 매몰차게 밀어

붙이곤 한다. 하지만 참된 성취는 내가 열심히 일해서 많은 업적을 만들고 사람들의 칭찬을 받는 것이 아니라 하나님의 임재 안에서 아름다우신 주님의 얼굴을 바라보며 나의 참된 정체성을 발견하고 하나님의 인정을 누리는 것이다. 이것을 깨닫고 난 후 나는 성과가 아니라 하나님만 전심을 다 해 쫓아가려고 한다.

위대함이 나오는 곳

무엇이 세례요한을 가장 위대한 선지자로 만들었을까? 사실 성경에는 세례요한보다 더 놀라운 기적을 일으킨 선지자를 찾을 수 있다. 엘리야와 엘리사는 놀라운 기사와 표적을 일으켰지만 세례요한은 아무런 기사와 표적도 행하지 않았고, 이사야와 예레미야는 성경을 기록했지만 세례요한은 아무 기록도 남기지 않았다. 모세는 놀라운 하나님의 영광을 경험했지만 세례요한이 모세처럼 초자연적인 영광을 경험했다는 기록은 없다.

과연 무엇이 평생 극적인 경험을 하지 못한 세례요한을 선지자중에 가장 위대한 선지자로 만들었을까? 세례요한은 겸손히 주의 길을 예비하는 선두주자 FORERUNNER가 되어 예수님을 섬겼기 때문에 가장 위대한 선지자가 되었다. 위대함은 은사와 기적, 인간적인 열심과 역사적인 사건에 있는 것이 아니라 오직 예수님께 있다. 어린 양의 열두 사도를 다른 모든 사도와 구별한 것이 바로 이것이다. 하나님 나라의 위대함은 그 사람이 누구인가가 아니라 그 사람이 예수님과 어떤 관계였는가로 결정된다. 예수님은 위대하시며 영광스러운 신랑이시다!

하나님 나라에서는 당신이 무엇을 아는가가 아니라 당신이 누구를 아느냐가 더 중요하다. 하나님은 자신의 자녀들에게 특별한 대우를 베푸신다. 이것은 마치 사업장의 주인이 경력을 가진 직원을 많이 두었음에도 총지배인으로 자신의 자녀를 선택하는 것과 비슷하다. 예수님은 태초부터 아버지와 함께 계셨기 때문에 힘쓰고 애써 아버지 곁에 머무르려고 하시지 않았다.

제자들이 행한 치유와 축귀 사역의 원천은 그들이 예수님께 배운 기술과 능력 때문이 아니라 예수님과의 친밀한 관계에 있었다. 성경에 제자들이 귀신을 쫓아내지 못한 사건이 나오는데, 그때 예수님은 베드로와 야고보와 요한과 함께 변화산에 계셨다. 변화산 아래 나머지 아홉 제자는 눈앞에 뒹구는 아이를 보며 마치 모세가 시내 산에서 하나님과 40일을 보낼 때 산 아래의 이스라엘 백성처럼 예수님의 빈 자리를 절실히 느꼈을 것이다. 아홉 제자는 이스라엘 백성처럼 산 아래에서 금송아지를 만들지는 않았지만, 권위를 상실하고 귀신을 쫓아낼 수 없었다.

주님은 오직 자기와 친밀한 사람들과 일하신다. 구약의 선지자들은 오직 하나님만 알았던 사람들이며 일생을 하나님의 임재와 그 얼굴을 구하는 데 헌신했다. 하나님의 임재 안에, 하나님의 얼굴 앞에서 살았던 엘리야는 이렇게 말했다. "내가 서서 섬기는 BEFORE WHOM I STAND 주 이스라엘의 하나님께서 살아 계심을 두고"(왕상 17:1, 킹흠정) 하나님 나라를 침노하는 중요한 요소는 예수님 가까이에 머무는 것이다. 하나님을 참으로 아는 사람은 특별한 대우를 받을 것이다.

특별한 대우

당신이 정말 하나님의 친구가 되기 원한다면, 세례요한처럼 외로운 광야에 살면서 낙타 옷을 입고 메뚜기와 석청을 먹으며 인생의 전성기에 감옥에 갇혀 목이 잘려 죽을 준비가 되었는가? 하나님께서 자신의 친구들에게 어떻게 대하시는지 살펴보자.

우리는 성경을 통해 하나님께서 친구들에게 행하신 특별한 대우를 살펴볼 것이다. 먼저 예레미야를 보자. 예레미야는 세상의 기준으로 아주 불행한 삶을 살았다. 예레미야가 받아들인 거룩한 부르심의 대가는 고독이었다. 예레미야는 사람들에게 하도 비난받고 외면당하며 박해받고 오해받아서 자신을 "온 세상이 다 시비를 걸고 싸움을 거는 사람"(렘 15:10)이라고 불렀다. 이런 점에서 많은 유대인이 예수님을 다시 나타난 예레미야라고 생각한 것이 흥미롭다. 이는 유대인들이 그리스도께서 경험한 비난과 외면을 인정했음을 보여준다.

예레미야는 아내와 자녀도 가질 수 없었고(렘 16:2) 소중한 사람들의 장례식이나(렘 16:5) 결혼식에도 갈 수 없었다.(렘 16:8,9) 한마디로 예레미야는 사회적으로 철저하게 단절되었다. 예레미야의 삶의 기쁨은 오직 한 분, 하나님이셨다.

> 만군의 주 하나님, 저는 주님의 이름으로 불리는 사람입니다. 주님께서 저에게 말씀을 주셨을 때에, 저는 그 말씀을 받아먹었습니다. 주님의 말씀은 저에게 기쁨이 되었고, 제 마음에 즐거움이 되었습니다.
> (렘 15:16)

세상의 기준으로 볼 때 예레미야는 소외된 삶을 산 것처럼 보이지만 내면적으로는 하나님의 말씀을 마음껏 먹는 놀라운 기쁨이 있었다. 하나님의 입에서 나오는 말씀을 먹을 때 주어지는 기쁨은 이 땅의 어떤 기쁨과도 비교할 수 없다. 예레미야가 얻은 하나님과의 관계는 모든 고통과 거절과 반대를 감수할 가치가 있었다.

하나님의 사랑

에스겔은 하나님의 목적에 철저히 순복하여 거룩하게 구별된 결과로 엄청난 대가를 치렀던 또 한 명의 위대한 선지자다. 에스겔은 하나님의 참된 친구였지만 아주 극심한 대가를 치렀다. 에스겔서 24장에 하나님께서 에스겔에게 "내가 네 아내의 생명을 거둬갈 것이다."라고 말씀하셨다. 하나님은 에스겔의 아내를 거둬 가실 뿐만 아니라 에스겔이 그 일을 슬퍼하는 것도 금지하셨다. 에스겔이 하나님께 완전히 순복한 결과가 아내의 죽음이라니, 과연 우리가 에스겔이라면 이 일을 견딜 수 있을까?

> 16 "사람아, 나는 너의 눈에 들어 좋아하는 사람을 단번에 쳐죽여, 너에게서 빼앗아 가겠다. 그래도 너는 슬퍼하거나 울거나 눈물을 흘리지 말아라. 17 너는 고요히 탄식하며, 죽은 사람을 두고 슬퍼하지 말고, 오히려 머리를 수건으로 동이고, 발에 신을 신어라. 또 수염을 가리지도 말고, 초상집 음식을 차려서 먹지도 말아라." 18 아침에 내가 백성에게 이 이야기를 하였는데, 나의 아내가 저녁에 죽었다. 나는 그 다음날 아침에 지시를 받은 대로 하였다. (겔 24:16~18)

18장 하나님과의 우정 : 고통과 영광

그러나 에스겔은 놀랍게도 계속해서 열정을 다해 하나님을 섬긴다! 성경에서 가장 많은 고난을 받아 최악의 고통으로 가득 찬 삶을 살았던 사람들이 가장 큰 기름부음을 받았다. 이 땅에 하나님의 영광이 풀어지는 것을 보기 위해 기꺼이 죽음의 기름부음까지 받아들인 이들이 그리스도의 고난에 참여할 자격을 얻는다. 자, 이쯤에서 다시 한번 당신에게 묻고 싶다. 여전히 당신은 하나님의 친구가 되길 원하는가? 확실한가?

바울은 하나님께서 사람이 자기 친구를 대하듯 대하지 않으신다는 것을 깨달았다. 바울이 하나님을 더 알기 원한다고 고백했을 때, 바울은 예수님의 고난에 참여하여 그 죽음을 따를 때 하나님을 알게 되는 것임을 깨달았다. 하나님을 아는 다른 길은 없다. 당신이 예수님의 친구가 되길 원한다면 예수님과 함께 십자가를 져라. 당신에게 그리스도의 계시가 임할 때, 고통도 함께한다. 개인적인 대가를 치르지 않고 하나님을 볼 방법은 없다. 에스겔은 높은 천국으로 올라가 놀라운 영광을 보았지만 하나님은 에스겔의 아내를 빼앗으셨고, 유대 장로들과의 관계를 고통스럽게 하셨다. 하나님의 아들 예수님은 말할 것도 없이 하나님을 가장 잘 알았지만 가장 심한 고난을 겪으셨다.

선지자들을 보라. 그들은 하나님을 아는 지식과 영광스러운 통찰력이 있었지만 지구상에서 가장 박해받고 고난받으며 오해받고 거절당한 외로운 사람들이었다. 하나님께서 아브라함을 친구로 부르신 이유는 아브라함이 기꺼이 자기 아들의 생명을 내어놓을 수 있었기 때문이다. 호세아는 창녀와 결혼했지만, 아내는 호세아의 사랑과 충실함을 헌신짝처럼 내버렸다. 바울은 놀라운 그리스도의 계시를 받았지만 고난도 받았다.(고후 11:24~28) 하나님과의 우정은 영광의 길이지만 고통의 길이기도 하다.

하나님의 영광

도대체 하나님의 친구들은 왜 이런 극심한 고통을 견뎠을까? 그들은 겉으로 드러나는 안락함이 아니라 내면의 근원에 관심이 있었다. 하나님의 친구들은 하나님의 영광이 자신을 새롭게 하고 주님을 향한 열정을 불러일으키는 것에 만족을 느꼈다. 하나님의 영광을 아는 기쁨과 하나님의 얼굴을 친밀하게 바라보는 즐거움이 그들을 견디게 했다. 아무리 거친 사람도 하나님의 영광의 임재가 나타날 때 철저히 무너지고 변화된다. 시몬 베드로가 그 훌륭한 예다. 변화 산에서 영광 속에 모세와 엘리야가 나타났다! 베드로는 이 모든 일을 보았다. 모세와 엘리야가 사라지자 베드로는 무슨 말이라도 해야 했다.

> 32 베드로와 그 일행은 잠을 이기지 못해서 졸다가, 깨어나서 예수의 영광을 보고, 또 그와 함께 서 있는 그 두 사람을 보았다. 33 그 두 사람이 예수에게서 막 떠나가려고 할 때에, 베드로가 예수께 말하였다. "선생님, 우리가 여기서 지내는 것이 좋겠습니다. 우리가 초막 셋을 지어서, 하나에는 선생님을, 하나에는 모세를, 하나에는 엘리야를 모시겠습니다." 베드로는 자기가 무슨 말을 하는지도 모르고, 그렇게 말하였다. (눅 9:32~33)

베드로는 하나님의 영광에 도취되어 예수님께 변화 산의 영광스러운 모임을 연장하도록 제안했다. 사복음서 전체에서 베드로의 모습은 다소 거칠고 난폭하며 독단적이고 적대적일 뿐만 아니라 충동적이고 거침없이 말하는 사람이었지, 하나님의 임재 안에 잠잠히 거하기를 좋아하거나 길고 긴 예배를 좋아할 사람이 아니었다. 오죽하면 변화산의 영광스러운 모임에서 잠들어 있었겠는가? 변화산은 베드로의 급한 성격상 불편한 자리였을 것이다. 그런 베드로가 하나님의 영광에 사로잡히자 초막을 지어 영광스러운 변화산 모임이 계속되기를 원했다!

아마도 베드로는 변화 산에 임한 하나님의 영광으 손길에 압도되었을 것이다. 하나님의 영광이 베드로를 녹여버렸듯이 우리의 마음도 하나님의 영광 안에서 녹기를 원하신다. 하나님의 가장 친한 친구들에게 끝없이 솟아오르는 영광의 샘을 열어주신다. 우리 주 예수님의 영광스러운 임재 안에 살 수 있다면 그 어떤 대가도 비싸지 않다. 우리는 하나님의 영원한 친구라는 위대한 부르심을 받았다! 하나님의 영원한 영광에 비하면 이 땅에서의 고통은 가볍고 일시적이다!

"**바울**은 하나님께서 사람이 자기 친구를 대하듯 대하지 않으신다는 것을 깨달았다. 바울이 하나님을 더 알기 원한다고 고백했을 때, 예수님의 고난에 참여하고 그 죽음을 따를 때 하나님을 알게 되는 것임을 깨달았다. 하나님을 아는 다른 길은 없다. 당신이 예수님의 친구가 되길 원한다면 예수님과 함께 십자가를 져라."

하나님
의불같
은사랑

5부

아가서, 솔로몬의 노래

SECTION FIVE
THE SONG OF SOLOMON

19장 열정의 시작
Beginning Fervency

"나에게 구하라"

영원의 영역, 하나님의 회의(욥 15:8)에서 구원 계획이 만들어질 때 하나님 아버지께서 아들을 위한 유산^{INHERITANCE}을 결정하셨다. 성경 시편 2:8에 독생자를 위한 유산이 나온다.

> 나에게 구하여라. 그러면 내가 모든 나라들을 네게 유산으로 주겠다. 그리고 지구상의 모든 민족들이 다 네 소유가 될 것이다. (시 2:8, 쉬운성경)

아버지께서 아들에게 주시는 유산은 "모든 나라"다. 여기에서 모든 나라는 그 땅에 속한 모든 영혼을 포함한다. 아버지께서 아들에게 이렇게 말씀하신다. "이 땅의 모든 나라와 그 안의 모든 사람이 너의 것이 되어 그들이 온 마음과 영혼을 다하여 너에게 사랑을 바치며 그들의 전부가 너의 소유가 될 것이다." 아버지께서 말씀하시는 유산은 교회를 의미한다. 주님의 몸 된 교회가 예수님을 향해 가질 열정의 깊이와 강렬함, 하늘의 신랑을 향한 신부의 사랑과 헌신은 예수님을 위해 존재한다.

아들의 간구

예수님은 공생애 사역의 마지막 순간, 겟세마네 동산에서 아버지의 잔을 받으시기에 앞서 시편 2장의 언약을 구하셨다. 요한복음 17장에 나온 예수님의 "대제사장의 기도"가 아버지를 향한 예수님의 간구이다. 제자들과 함께 하는 마지막 순간에 예수님은 이 기도를 아주 중요한 문장으로 마치신다. 이 기도는 예수님께서 이제 곧 죽음의 형벌을 감당하실 것을 아시는 상태에서 드리는 기도다. 이 마지막 순간에 예수님은 단 한다디 말도 낭비하시지 않으신다. 예수님의 마지막 기도의 끝부분을 살펴보자.

> 나는 이미 그들에게 아버지의 이름을 알렸으며, 앞으로도 알리겠습니다. 그것은, 아버지께서 나를 사랑하신 그 사랑이 그들 안에 있게 하고, 나도 그들 안에 있게 하려는 것입니다. (요 17:26)

"아버지께서 저를 사랑하시는 것과 같은 사랑으로 저를 사랑할 신부를 준비하신다고 말씀하셨습니다. 이제 저는 아버지께 구합니다, 저에게 신부를 주세요!"라는 뜻이다. 고난 전 예수님의 마지막 열정적 외침은 약속된 신부를 향한 것이었다. "아버지, 저의 신부가 이 세상에서 초점을 잃지 않기를, 아버지께서 저를 사랑하신 것처럼 신부도 저를 사랑하기를 기도합니다!"

이 구절은 예수님을 통해 사람들의 마음속에서 이 뜨거운 사랑이 어떻게 각성될지 알려준다. "아버지, 저는 그들에게 당신의 이름을 선포했고 당신의 성품을 보여주었습니다. 제가 당신의 보좌로 올라간 후에도 성령의 사역을 통해 계속해서 당신의 이름이 계시될 것입니다. 그리고 그들이 당신을 볼 때, 나를 향한 거룩한 사랑으로 더욱 뜨겁게 타오를 것입니다." 우리가 계시의 영이신 성령님을 통해 하나님 아버지의 사랑을 경험할 때, 우리는 주 예수님을 향한 참된 신부의 사랑이 깨어난다.

예수님의 유업이 되다

예수님께서 구하신 기도의 응답은 우리가 주님의 소유가 되는 것이다. 사도 바울은 에베소서 1장에서 이것을 선포한다.

> 하나님은 그리스도 안에서 우리를 상속자로 삼으셨습니다. 이것은 모든 것을 자기의 원하시는 뜻대로 행하시는 분의 계획에 따라 미리 정해진 일입니다. (엡 1:11)

우리는 그리스도 안에서 엄청난 유산을 받았으며 이 영광스러운 진리를 수많은 설교를 통해 듣는다. 바울은 몇 구절 뒤에 계속 이어 말한다.

[여러분의] 마음의 눈을 밝혀 주셔서, 하나님의 부르심에 속한 소망이 무엇이며, 성도들에게 베푸시는 하나님의 영광스러운 상속이 얼마나 풍성한지를, 여러분이 알게 되기를 바랍니다. (엡 1:18)

이제 바울은 성도들이 그리스도의 유산이 되는 의미를 깨닫도록 기도한다. 예수님께서 우리에게 공급하시고, 우리를 축복하시고, 치유하시고, 회복시키기를 원하시는 이유는 결국 우리가 예수님의 마음을 깨달아 그 마음으로 사는 것이다. 이제 나는 여러분에게 아주 놀라운 사실을 알려 주려고 한다. 당신에게는 전능하신 하나님 아버지께 없는 특별한 것이 있다. 그것은 바로 주님을 향한 신부의 자발적이고 열렬한 사랑이다. 예수님을 향한 교회의 넘치도록 풍성하고 열정적인 사랑이 곧 예수님의 유산이다.

열정의 시작

앞서 본 요한복음 17:26을 구약 성경 아가서를 통해 더 깊이 이해할 수 있다. 아가서는 전체 8장 밖에 되지 않지만, 주님께서 우리 마음에 요한복음 17:26을 어떻게 이루시는지 설명하는 중요한 부분이다. 마이크 비클은 아가서를 "거룩한 열정의 진전"이라고 표현한다. 아가서는 하나님께서 열정적인 신자들을 어떻게 자기중심적인 기독교에서 하나님 중심으로 이끄시는지 보여준다. 이번 장에서는 아가서의 핵심 주제를 간략히 요약하고 주님께서 우리를 성숙한 신부의 사랑으로 어떻게 인도하시는지 폭넓게 보고자 한다. 가능하다면 아가서와 함께 보길 바란다.

앞서 말한 대로 아가서는 주님께서 신자들의 열정을 어떻게 성숙시키는지 보여준다. 하나님은 세 가지 계시로 신자들을 성숙으로 이끄신다. 1) 하나님의 인격적 아름다움의 계시, 2) 하나님의 풍성한 사랑, 3) 하나님과 함께하는 친밀함의 기쁘고 달콤한 경험이다. 이 세 가지 계시는 신부가 점점 더 깊이 하나님을 사랑하고 하나님께 순종하도록 인도한다. 참되고 성숙한 사랑은 하나님의 아들을 향한 사랑과 하나님의 아들께서 선포하신 뜻을 행하는 기쁨을 위해 다른 부질없고 사소한 즐거움을 버리는 것이다.

아가서는 신부의 위대한 부르짖음으로 시작한다. "나에게 입 맞춰 주세요."(아 1:2) 이 고백은 이 시대의 교회를 향한 성령님의 간절한 외침이다. "오 주 예수님, 제게 당신의 친밀함으로 입 맞춰 주시옵소서!" 술람미 여인은 삶의 두 가지의 목표를 말한다. "너는 나를 인도하라 우리가 너를 따라 달려가리라."(아 1:4 개정) 술람미 여인은 오직 두 가지, 1) 주님의 친밀함으로 인도받는 것에 대한 황홀함과 2) 열방을 향해 적극적으로 주님과 함께 사역하는(달려가는) 기쁨을 위해 산다고 고백한다.

술람미 여인이 친밀함과 섬김의 적절한 균형을 발견하는데 몇 장이 소요된다. 아가서의 나머지 이야기는 예수님께서 술람미 여인을 어떻게 친밀함으로 이끄시는지의 내용이다. 술람미 여인이 가진 두 가지의 삶의 목표는 예수님께서 말씀하신 가장 큰 계명인 하나님을 사랑하고(너는 나를 인도하라) 이웃을 섬기는(우리가 너를 따라 달려가리라) 것이다. 때로는 이 두 영역 사이에 현실적인 긴장감이 있는데, 이는 우리가 익히 아는 마리아와 마르다의 서로 다른 사랑 표현방식이다. 마리아는 예수님을 사랑하기 원했고 마르다는 예수님을 섬기기 원했으며, 이 두 가지 방법이 서로 충돌했다. 우리가 예수님을 섬기려는 열정은 때로 예수님께서 우리에게 바라시는 친밀한 관계로부터 멀어지게 한다.

아가서의 시작 부분에서 술람미 여인은 열정적이지만 미성숙하다. 열정적이라는 것이 성숙하다는 의미는 아니지만 열정적이지 않으면 결코 성숙할 수 없다. 열정은 성숙으로 가는 문을 활짝 열기 때문에 어떤 면에서 열정은 방법이고 성숙은 목표다. 우리가 완전한 신부의 사랑으로 성숙하려면 신앙 여정의 단계마다 적절한 열정이 필요하다.

"**예수님**께서 우리에게 공급하시고, 축복하시며, 치유하시고, 회복시키시는 이유는 결국 우리가 예수님의 마음을 깨닫고 예수님의 마음을 따라 살기 위해서다."

20장 영적 여정이 시작되다
HER SPIRITUAL JOURNEY BEGINS

그리스도인들의 홀대

술람미 여인이 그리스도인으로서의 여정을 시작할 때 직면하는 충돌은 영적인 원수가 아니라 그리스도의 몸 된 교회 안의 열정적이지 않은 신자들에게서 온다. 이 열정적이지 않은 신자들은 예수님을 향한 술람미 여인의 열정이 자신들의 뜨겁지 않음을 드러내기 때문에 화가 나 있으며(아 1:6) 술람미 여인의 내면에 있는 열정의 불이 꺼지길 바라는 마음으로 포도원 일(사역)을 시킨다. 순수하게 주님을 기쁘시게 하려는 갈망으로 열심히 일하던 술람미 여인은 결국 과도한 일(사역)에 지쳐서 그리스도와의 친밀한 관계에 어려움을 겪는다.

술람미 여인은 좌절감 속에서 약간 신경질적으로 말한다. "이런 일들은 다 내려놓자, 난 더 이상 달려가지(사역하지) 않을 거야.

내가 원하는 건 그저 예수님 곁에 있는 거야"(아 1:7) 그러자 주님께서 술람미 여인에게 오셔서 위로하시며 말씀하신다. "괜찮아. 나는 널 여전히 사랑한단다. 이제 모든 것이 괜찮을 거야. 나에게는 네가 너무나 아름답단다."(아 1:8~10) 주님은 사랑으로 술람미 여인을 치유하신다. 우리를 향한 예수님의 뜨거운 사랑이 우리 안에 있는 좌절감과 거절감에서 오는 고통을 치유한다.

영적 기쁨

주님은 그리스도의 몸 된 교회로부터 받은 가혹한 대우로 힘들어하는 술람미 여인을 곁에 두시고 기쁨 가득한 임재를 부어주신다. 예수님은 마치 어린 성도를 다루시듯 술람미 여인을 부드럽게 대하시며 충만한 임재와 영광을 부어주시고 사랑의 기쁨을 경험하게 하신다. 이것은 말 그대로 그리스도와의 "허니문"이다.

아가서의 처음 몇 장은 술람미 여인과 주님의 허니문을 묘사한다. 주님은 침상에서 신부를 안으시고 신부는 주님의 사랑에 취해서 이렇게 말한다. "예수님, 당신은 너무나 달콤합니다! 전 그저 당신을 사랑하고, 사랑하고, 또 사랑합니다!" 신부는 사랑 안에서 자신의 창조 목적을 깨닫고 외친다. "제 삶의 목적을 깨달았어요!" 신부는 주님의 영광을 경험했으며, 예수님은 그 체험을 더 분명하게 하신다.

술람미 여인은 하나님께서 모든 믿는 자를 위해 예비하신 영적인 기쁨을 깊이 맛보면서 성령님께 인도받는 기쁨과 그 어떤 것도 비교할 것이 없음을 깨달으면서 하나님의 영광과 성령님과 교제하는 달콤한 포도주에 점점 깊이 빠져든다. 예수님께서 술람미 여인이 눈치챌 새도 없이 참된 생명의 흐름으로 이끄신다.

아가서의 여러 곳에서 예수님은 술람미 여인에게 오셔서 신적인 성품의 새로운 모습을 계시하신다. 술람미 여인이 받은 예수님의 성품의 첫 번째 계시는 예수님께서는 다정하시고 사랑스러우시며 영혼에 참된 만족을 주시는 달콤한 구원자라는 것이다. 사실 예수님은 술람미 여인이 느낀 것 이상으로 놀라운 분이시지만, 이 첫 계시는 술람미 여인에게 하나님의 모습의 전부이자 기독교의 정의 그 자체다.

술람미 여인은 자신이 주님을 만난 것이 정말 축복이라고 확신하면서 언제나 이 상태를 유지하겠다고 다짐하고 더욱더 내면에 몰두한다. 그러나 술람미 여인은 아직 자신이 자기중심적이라는 사실을 잘 모른다. 이 지점에서 술람미 여인에게 가장 중요한 것은 그저 사랑하는 주님의 축복을 받는 것이며 아직 주님의 뜻을 행하는 열정도 미약하다. 이 지점의 술람미 여인은 열렬하지만 미성숙하다.

아가서 2:7에서 주님은 술람미 여인을 아는 사람들에게 말씀하신다. "그래, 술람미 여인이 아직은 이기적이라는 걸 나도 안다. 내가 잠시 술람미 여인을 몸 된 교회에서 분리해서 아주 중요한 일을 하고 있다. 술람미 여인이 온전한 성숙에 이르려면 지금 나와 친밀한 교제의 기쁨을 경험해야 한다. 지금은 술람미 여인을 그냥 놔두어라."

성숙의 첫 단계

아가서에서 신부의 성숙 과정은 네 "시기" 혹은 "단계"로 나타난다. 술람미 여인의 첫 번째 성숙은 아 1:13~14에 나온다. "사랑하는 그이는 나에게 가슴에 품은 향주머니라오. 사랑하는 그이는 나에게 엔게디 포도원의 고벨 꽃송이라오." 술람미 여인은 두 번이나 이렇게 말한다. "사랑하는 그이는 나에게." 이 고백은 곧 "주님은 내 것이야 주님의 모든 것이 내 것이라고!"라는 의미다. 이 시기를 통과하는 신부에게 하나님은 오로지 신부만을 위해 존재한다. 신부의 미성숙함은 자기 중심성으로 나타난다. 그러나 주님은 신부의 열정을 사랑하시기에 미성숙함도 즐거워하신다.

미성숙한 신부인 술람미 여인은 예수님을 오직 자기만의 유산으로 보지만 하나님은 술람미 여인이 예수님의 유산이 되기를 원하신다. 술람미 여인의 목표는 하나님의 임재 안에만 있는 것이지만, 하나님의 목표는 신부를 동역자로 세워 친밀함과 섬김에서 균형을 이루어 함께 열방 중에서 원수와 싸워 이기게 하는 것이다. 미성숙한 신부는 이렇게 느낀다. "주님께서 나를 한 손으로 안아 주시고 다른 한 손으로 나를 위로하시는 한 나는 주님을 온전히 사랑하고 모든 사람에게 주님을 증거할 거에요." 그러나 신부를 향해 주님은 이렇게 질문하신다. "사실은 내가 너를 위해 존재하는 것이 아니라 네가 나를 위해 존재하는 것이다."

기독교의 궁극적 목표는 하나님을 기쁘시게 하는 것이 아니다. 물론 하나님의 기쁨도 중요하지만, 우리가 그리스도의 유산이 되어 완전한 순종으로 하나님을 사랑하는 것이다.

술람미 여인의 불순종

아가서 2:8에서 예수님은 자신을 열방의 왕으로 계시하시며 술람미 여인이 안전지대를 떠나도록 도전하신다. 예수님은 산을 달리고 작은 산을 뛰어넘는 노루 같은 모습으로 나타나시는데 이것은 술람미 여인이 본 적 없었던 새로운 예수님의 모습이다.

일반적으로 성경에서 산은 장애물과 사단의 권세, 그리고 나라를 의미한다. 술람미 여인이 모든 장애물과 도전을 뛰어넘으시는 열방의 왕이신 예수님을 바라볼 때 예수님은 신부에게 승리의 행진에 함께하도록 초대하신다. "일어나 나와 함께 가자. 함께 열방을 정복하자." 아직 미성숙한 신부인 술람미 여인은 이렇게 대답한다. "당신은 왜 이렇게 모든 것을 뛰어넘으시는 거예요? 어서 완벽한 음악과 근사한 음식이 있는, 오직 당신과 저를 위한 침상으로 돌아가요. 이리 오셔서 저에게 즐거움을 주세요." 그러자 예수님께서 말씀하신다. "넌 침상에 너무 오래 있었어. 이제 일어나서 나와 함께 산을 정복하자. 함께 열방을 달리는 법을 배우자."

술람미 여인은 예수님의 초청에 아가서 2:17로 대답한다. "죄송하지만, 저는 산을 넘는 걸 싫어해요. 이제 침상으로 돌아오세요. 거기서 좋은 시간을 보냈잖아요." 함께 산을 넘자는 예수님의 초대에 술람미 여인은 예수님 혼자 가시라고 대답한다. 아직도 미성숙한 신부는 자신의 성품을 숨길 수 있는 벽 뒤와 뜨거운 햇살을 가려주는 나무 아래, 안정감 넘치는 침상 위에 머무는 것이 좋다. 사실 술람미 여인의 불순종은 반항이라기보다는 두려움이다. 술람미 여인은 안정감 넘치는 자기 침상을 벗어나 이전에 올라가 본 적 없는 산을 오르는 것이 두렵다. 미성숙한 신부는 여전히 필사적으로 주님을 갈망하지만, 안전한 환경을 떠나기 두려워한다. 신부는 예수님 없이 배 안에 있는 것보다 예수님과 함께 폭풍우가 몰아치는 물 위를 걷는 것이 더 안전함을 배워야 한다.

신부는 불순종 속에서 무언가를 깨닫고 아 2:16에서 이렇게 표현한다, "내 사랑하는 자는 내게 속하였고 나는 그에게 속하였도다(개정)." 이 고백은 신부의 거룩한 열정을 위한 "두 번째 성숙의 단계"를 의미한다. 신부는 "1단계"에서 이렇게 고백했다. "그는 내 것이야, 그는 내 것이라고." 이제 두 번째 단계에서 이렇게 말한다. "그분은 나의 유산이야, 당연하지. 하지만 처음으로 나는 그분이 나를 유산으로 요구하시는 것을 깨달았어." 신부는 아직 주님의 유산이 될 준비가 되지 않았지만, 예수님께서 신부에게서 원하시는 헌신을 어렴풋이 깨닫기 시작한다.

거룩한 징계

아가서 2:17에서 예수님의 부르심을 거절한 술람미 여인은 3장에서 거룩한 징계를 받는다. 이 징계는 주님의 분노와 신부의 실패를 의미하지 않으며 미성숙한 신부가 불순종에 있도록 내버려 두지 않으시는 하나님 사랑의 또 다른 표현이다. 아가서 2:17에서 신부가 예수님께 대답한 데로 3장에서 신부가 주님의 임재를 느끼지 못하도록 그 임재를 거두시고 떠나신다. 하지만 이것은 예수님께서 실제로 신부를 떠났다는 의미가 아니라 신부가 잠시 주님의 임재를 느끼지 못한다는 것이다.

주님과 달콤한 사랑에 흠뻑 빠져 예수님의 임재가 떠날 것이라고 예상하지 못한 술람미 여인은 고통으로 외친다(아 3:1). "난 이렇게 살 수 없어요! 나는 주님의 임재 안에서 살도록 창조되었단 말이에요. 하나님, 어디에 계세요?" 신부는 이 고통을 없애기 위해서라면 무엇이든 할 준비가 되었기에 아 3:2에서 이렇게 고백한다. "좋아요, 제가 침상에서 나갈게요."

술람미 여인은 하나님의 따뜻한 미소와 임재 없이는 살 수 없었으므로 자기가 중심인 안전지대(침상)에서 일어나 많은 사람이 있는 도시로 나간다. 신부는 같이 산을 오르자는 예수님의 부름을 거절했지만 3장에 와서 결국 자발적으로 다른 사람들에게 다가가라는 예수님의 부르심을 받아들인다. 예수님께서 미성숙한 신부를 "거룩하게 낚으신" 것이다. 신부는 예수님의 달콤한 임재를 찾기 위해 두 번째 계명인 자신과 같이 이웃을 사랑하라는 계명을 받아들이기 시작했다.

놀랍게도 거룩한 징계는 술람미 여인이 침상을 나온 지 얼마 되지 않아 아 3:4에서 신속하게 해결된다. 이제 신부는 자신을 뛰어넘어 다른 이들에게 다가갈 때 주님의 임재를 더 깊이 느낄 수 있음을 깨닫는다. 미성숙한 신부는 주님의 부르심에 순종하는 것을 통해 하나님께서 일하시는 방법을 깨달았지만, 아직 신부의 내면에는 주님께 순복하지 않은 많은 영역이 많이 남아 있다. 예수님은 신부의 생각과 말과 행동 모두를 소유하실 때까지 만족하지 않으실 것이다. 예수님은 외적인 순종의 행위 그 이상을 찾으신다.

임재의 피난처

술람미 여인은 자기 안전지대에서 나와 교회로 돌아와 다른 사람을 섬기기 시작했지만, 아직 내면의 두려움은 해결하지 못했다. 그래서 예수님은 아 3:6~11을 통해 술람미 여인에게 말씀에 순종하여 섬기면 절대적인 안전함을 누릴 것이라고 계시하신다. 주님은 아 3:7에서 이렇게 말씀하신다. "내가 있는 곳은 절대적으로 안전하다."

술람미 여인은 사람이 많은 곳에 있어도 주님과 함께라면 예수님의 보호가 자신과 함께하시는 것을 깨닫지만 여전히 마음이 불안하다. "그렇지만 종종 그들이 저를 심하게 대해요. 그 사람들과 같이 있기 싫어요." 예수님은 술람미 여인에게 확신을 주신다. "네가 알아야 할 것이 있다. 교회는 나의 몸이야. 네가 나와 함께 하기 원한다면 교회에서 나를 찾아라. 내가 그곳에 있다."

술람미 여인은 그리스도의 몸 된 교회 안에 있는 것이 때로는 힘들고 어렵지만, 점차 교회가 가장 안전한 장소라는 것을 깨닫는다. 예수님은 술람미 여인에게 교회를 향한 주님의 영광스러운 관점을 보여주신다. 교회를 위한 헌신을 통해 술람미 여인을 기다리는 영광의 문이 활짝 열릴 것이다.

21장 예수님의 훈련을 받아들이다
SHE EMBRACES HIS DISCIPLINES

영적전쟁을 위한 준비

아가서 4:1~5에서 예수님은 술람미 여인이 영적 전쟁을 감당할 수 있도록 놀라운 방법으로 준비시키신다. 예수님은 먼저 사랑 고백을 통해 이제 막 술람미 여인의 내면에서 나타나기 시작한 작은 가능성을 마치 완성된 것처럼 인정하시고 격려하심으로써 술람미 여인의 마음을 여신다. 판단과 정죄가 아니라 예수님의 사랑 가득한 확증의 말씀으로 술람미 여인의 여린 마음을 보호하시면서 동시에 사랑으로 동기를 부여하신다.

궁휼이 많으신 예수님은 술람미 여인이 많은 약점과 두려움 속에서도 얼마나 주님을 갈망하는지 보시고 마음이 녹으신다! 사랑하는 이의 연약함은 수치가 아니라 궁휼을 일으킨다. 예수님께서 사랑하는 사람들을 향해 불같은 열정을 표현하시면 사람들의 마음이 뜨거워지고 하나님께서 얼마나 자신을 기뻐하시는지 깨닫고 내면에 묶인 것이 풀어지며 새로운 회복이 일어난다. 이것이 예수님께서 사랑하는 사람들의 마음에 열정과 사랑을 일깨울 때 자주 사용하시는 방법이다.

아가서를 잘 보면 예수님께서 술람미 여인을 향해 말씀하실 때 이미 성숙한 것처럼 말씀하신다. 하지만 이것은 지금 그렇다는 말씀이 아니라 술람미 여인의 내면의 씨앗 같은 자질을 보시고 예언적으로 칭찬하시는 것이며, 이것이 사랑하는 사람들을 더 깊은 성숙으로 이끄시는 예수님의 방법이다. 술람미 여인은 아직 스스로 준비되었다고 생각하지 않지만, 예수님은 술람미 여인이 이미 전쟁을 치를 준비가 되었다고 선포하신다.

거룩의 증가

예수님의 충만한 사랑이 술람미 여인의 마음을 완전히 녹이자 아 4:6에 술람미 여인이 예수님께 반응한다. "저의 순종으로 당신의 놀라운 사랑을 받을 수만 있다면, 좋아요. 아 2:10의 부르심을 따라 산을 오르겠어요!" 술람미 여인은 자신이 올라야 할 산을 "몰약의 산"이라고 부른다. 몰약은 당시의 장례용품으로 예수님의 장례에 사용되었으며 십자가의 상징이기도 하다.

아 4:6에서 술람미 여인은 몰약의 산(갈보리 산)이라는 십자가 부르심에 "이 길을 끝까지 가겠어요"라고 대답한다. 이 부분이 아가서의 대전환점이다. 술람미 여인이 십자가의 부르심에 응답할 때 아가서의 방향이 달라지고 모든 것이 변화된다. 술람미 여인이 십자가를 받아들이고 죽을 때까지 순종하겠다고 고백할 때, 예수님의 마음에 신부를 향한 새로운 사랑이 솟아오른다.

아 4:7~15절은 아가서 전체의 핵심 구절이다. 예수님은 참된 사랑과 기쁨의 고백으로 술람미 여인의 마음을 황홀하게 하신다. "나의 누이, **나의 신부야**! 오늘 나 그대에게 마음을 빼앗기고 말았다. 그대의 눈짓 한 번 때문에, 목에 걸린 구슬 목걸이 때문에, 나는 그대에게 마음을 빼앗기고 말았다." (아 4:9) 아가서에서 처음으로 예수님은 술람미 여인을 "나의 신부"라고 부르시면서 "그대에게 마음을 빼앗기고 말았다"라고 말씀하신다. 아직 신부는 완전하지 않으며 단지 몰약 산을 올라 십자가를 지겠다고 표현한 것뿐임에도 예수님은 신부에게 마음을 완전히 빼앗기셨다.

우리가 예수님을 섬기려고 신실하게 헌신할 때 예수님께서 우리를 어떻게 보실까? 우리가 헌신하기 전에 예수님은 이미 우리의 결점과 연약함을 아셨다. 하지만 예수님은 뜨거운 열정과 신실한 갈망에서 나오는 순종으로 가득 찬 우리의 눈빛을 한번 보시는 것만으로도 마음을 빼앗기시고 예수님의 사랑이 신부를 말 그대로 휘감는다!

예수님은 사랑의 급류로 신부의 마음을 황홀하게 채우시고 신부는 예수님께서 자신을 이렇게 넘치도록 사랑하신다면, 아무리 힘들고 어려워 보이는 일이라도 순종하는 것이 더 안전하다는 결론에 이른다. 예수님께서 자신을 얼마나 황홀하게 생각하시는지 깨달은 신부는 주님의 손에서 나오는 것은 무엇이든 자신에게 유익하다고 믿는다. 신부는 자기를 향한 예수님의 참된 사랑을 보았고 예수님의 아름다움을 깨닫는 유일한 길이 순종이라는 것을 알았기 때문에 절대적이고 분명한 순종으로 헌신할 것이다.

신부의 첫 번째 순종의 단계는 아 3:2에서 도움이 필요한 다른 사람들에게 다가가는 것이었다. 두 번째 순종의 단계는 아 4:6에서 몰약의 산(십자가)을 받아들이는 것이었다. 그리고 아 4:16에서 신부는 "북풍아 일어나라"라고 기도하면서 세 번째 순종의 단계로 들어간다. 북풍의 기도는 이런 뜻이다. "그래요! 십자가를 통해 당신의 놀라운 사랑을 얻을 수 있다면, 나는 무슨 일이 있어도 나의 전부를 당신께 드리겠어요. 그러니 이제 저의 마음이 완전히 당신의 것이 되게 해 주세요" 드디어, 위험한 기도가 나왔다! 하나님의 사랑이 신부 안에 있는 용맹함을 깨운 것이다.

마지막 시험으로의 초대

아 4:16에서 신부는 북풍과 남풍을 초청한다. 믿기 어렵게도 신부는 자기 삶에 "겨울철의 찬바람이여 오라!"라고 기도하면서 하나님께서 계획하시지 않은 또 다른 다루심을 초대하고 동시에 신선한 축복의 남풍도 불기를 요청한다. 남풍의 은혜가 없다며 북풍의 찬바람을 견딜 수 없다. 많은 성도가 북풍을 꾸짖으며 다가오지 않도록 기도하지만, 예수님의 사랑에 완전히 사로잡힌 술람미 여인은 예수님의 목적을 위해 자신을 포기하고 북풍과 남풍이 함께 불도록 초청한다.

하나님께서 우리 삶에 영적인 겨울을 어떻게 사용하시는지 설명하기 위해 뉴욕의 고속도로를 예로 들어 보겠다. 뉴욕의 고속도로는 혹독한 추위에 잘 준비된 것처럼 보이지만 맨눈으로 보이지 않는 작은 틈과 결함이 존재한다. 겨울이 되면 도로의 숨겨진 틈에 파고든 습기가 얼기 시작하면서 틈이 팽창하고 얼마 지나지 않아 커다란 구멍이 도로 여기저기에 나타난다. 우리 눈에 보이지 않았지만, 도로에는 항상 틈이 있었고 겨울의 추위가 찾아오고 나서야 가려진 틈과 약점이 드러난 것처럼 하나님은 우리가 좋았던 시간에는 볼 수 없었던 숨겨진 문제를 영적인 겨울을 통과하면서 드러나게 하신다. 분명한 것은 어떤 문제든 드러나기 전에는 해결할 수 없다는 점이다.

북풍은 역경과 위기를 나타내며 남풍은 성령님의 신선한 공급을 대표한다. 거의 모든 신자가 힘주시고 격려하시는 성령님의 따뜻한 남풍을 선호한다. 하지만 차가운 북풍의 바람도 우리 삶의 적절한 때에 필요하다. 여름에 있는 사람은 성령의 기쁨과 새 술에 취해 새로워지고 겨울에 있는 사람은 역경과 위기로 어려워하지만 두 바람 모두 하나님의 것이며, 우리 삶의 추수를 위해 필요하다. 만일 당신이 차가운 겨울에 있다면 성령님의 따뜻한 바람을 즐기는 사람들을 질투하지 말라. 그 사람들도 언젠가는 분명히 북풍을 맞이할 것이며, 당신 역시 정확한 시점은 알 수 없지만 곧 남풍을 맞이할 것이다.

그러므로 신부의 북풍 기도는 이런 의미다. "북풍아 일어나라! 주님, 북풍의 바람이 불어도 제가 당신의 사랑 안에 있을 때 안전합니다. 이제 제가 당신의 완전한 소유가 되지 못하게 방해했던 감춰진 결점을 드러내기 위해 당신이 하시는 그 어떤 것도 감당하겠습니다. 당신이 제 삶을 만지시는 이유는 제가 하나님께서 예수님께 약속하신 완전한 유산이 되기 위한 것입니다."

신부는 아 4:16에서 자기의 마음과 삶이 예수님께서 즐거이 거니시는 정원인 것을 인정하면서 예수님께서 즐기시는 향기가 자신의 삶에 흐르기 위해 겨울의 시즌이 필요함을 깨닫는다. 예수님은 완전히 주님의 것이 되기 위한 신부의 부르짖음을 들으시고 응답하사 북풍을 보내신다. 5장에서 일어나는 일이 바로 4장의 북풍 기도의 응답이다. 신부는 3장에서 불순종으로 훈련받았지만 이제는 순종의 결과로 훈련받게 될 것이다. 예수님은 가장 큰 시험의 장소로 신부를 데려가신다.

성숙을 위한 두 배의 시험

아가서 5장에서 신부는 인생에서 가장 큰 시험을 경험한다. 예수님은 이전에 보지 못했던 새로운 모습으로 자신을 계시하신다. 예수님께서 머리카락에 이슬이 맺힌 채 신부에게 찾아오시는데, 밤이 맞도록 겟세마네 동산에서 기도하시던 모습으로 신부를 "영혼의 어두운 밤THE DARK NIGHT OF THE SOUL"으로 인도하신다.

이 시험에는 두 갈래가 있는데, 먼저 "영적 정전SPIRITUAL BLACKOUT" 상태로 시작한다. 신부는 삶에서 하나님의 임재 의식을 모두 상실한 것(아 5:6)을 깨닫고 하나님을 찾기 위해 온갖 노력을 다하지만, 하늘의 문은 굳게 닫혀 침묵이 흐른다. 영혼의 깊은 밤에서는 믿음, 회개, 순종이 아무 소용 없으며 하나님께 버림받은 느낌이 들지만, 그 이유조차 알 수 없는 답답한 상태가 계속된다.

시험의 또 한 갈래는 그리스도의 몸 된 교회 안에서의 관계에서 비롯된다. 아 5:7에서 순찰하는 자들이 신부에게 말로 상처를 주고 쳐서 상하게 하며 겉옷을 벗겨 가져간다. 이 구절에서 순찰하는 자들은 안타깝게도 신부에게 무슨 일이 일어나는지 분별할 수 없는 교회의 지도자들이다. 곤경에 처한 신부를 어떻게든 돕고 싶지만 하나님께서 신부에게 하시는 일을 분별하지 못한 지도자들은 이렇게 말한다, "아무리 봐도 너의 삶에는 죄가 있는 게 틀림없어. 넌 회개해야 해." 그리고 신부의 겉옷, 영적인 보호를 제거한다. 영적인 보호가 제거된다는 것은 일시적이며 부분적으로 사역에서 배제되는 것을 의미한다.

신부의 목표였던 모든 것이 아가서 5장에서 어둠 속으로 사라진다. 신부가 원했던 것은 단 두 가지였다. 예수님의 친밀한 임재 안에 살면서, 예수님과 함께 교회를 섬기는 것(아 1:4)이었지만 이제 신부는 예수님의 임재도 느끼지 못하고 예전처럼 사역을 섬기지도 못한다. 어떤 독자들은 이 부분에서 신부와 자신의 현재 처지가 비슷하다고 느낄 것이다. 왜냐하면, 영혼의 어두운 밤은 하나님께서 사람들 안에 거룩하고 열렬한 열정을 일으키시는 또 다른 방법이며 많은 사람이 경험했고, 경험하고, 경험하게 될 것이다.

하나님께서 신부의 내면에 이렇게 질문하신다. "너는 내 임재 안에서 얻는 기쁨 때문에 나를 사랑하는 거냐 아니면 너 자신을 위해서 날 사랑하는 것이냐? 만일 네가 나를 누리지 못한다 할지라도 나를 사랑하겠니?" 하나님은 궁금하시다. "내 임재안에서 네 자아의 필요가 충족되기 때문에, 그리고 나의 몸 된 교회 안에서 네가 중요한 사람이라는 느낌을 받기 때문에 나를 섬기는 것은 아니니? 내가 너에게 기름부음을 주지 않더라도 너는 여전히 나에게 속한 것이냐? 네가 존경하는 지도자들이 너를 시험하도록 내가 허락하더라도 너는 여전히 나의 것이냐?"

"우리가 예수님을 섬기려고 신실하게 헌신할 때 예수님께서 우리를 어떻게 보실까? 우리가 헌신하기 전에 예수님은 이미 우리의 결점과 연약함을 아셨다. 하지만 예수님은 뜨거운 열정과 신실한 갈망에서 나오는 순종으로 가득 찬 우리의 눈빛을 한번 보시는 것만으로도 우리에게 마음을 빼앗기시고 예수님의 사랑이 신부를 말 그대로 휘감는다!"

22장 예수님의 확언
HIS AFFIRMATION

신부의 응답

신부는 영혼의 어두운 밤을 통해 더 깊은 성숙으로 다시 돌아온다. "처음엔, 당신이 저를 위해 하신 일 때문에 사랑했습니다. 하지만 저는 당신이 어떤 분인지 경험했습니다. 이제 당신의 존재 자체를 사랑합니다." 영혼의 깊은 밤 동안 신부는 하나님께 버려진 것 같았고 교회도 신부를 비난했기 때문에 내면의 상처와 수치심이 "어서 도망쳐! 여기를 떠나서 안전한 곳에 숨어!"라고 외쳤지만, 신부는 영혼의 깊은 밤을 피하지 않고 교회 안에 머무른다. 아가서 5:8에서 신부는 내면에 일어나는 모든 복잡한 감정이나 충동과 반대로 자신을 비난하는 사람들을 욕하지 않고 예루살렘의 딸들에게 이렇게 부탁한다, "내 사랑하는 자가 떠나서 그를 찾을 수가 없어. 너희가 그를 발견하거든 내가 사랑하기 때문에 병이 났다고 말해다오!" 신부는 사랑하는 주님을 향한 흔들림 없는 사랑으로 성숙한 신부가 되어 영혼의 깊은 밤을 멋지게 벗어난다.

예루살렘의 딸들은 어려움 속에서도 흔들림 없는 신부의 모습에 오히려 당황스러워한다. "너 왜 그래? 네가 사랑하는 분이 너에게 한 짓을 생각해 봐, 우리는 네가 그분께 화를 내도 충분히 이해할 수 있어. 그분이 너를 버렸고 네가 존경하던 지도자에게 상처받게 놔두셨어. 그런데 너는 화내기는커녕 전보다 더 그분을 향한 사랑으로 불타오르는 거야?" 아가서 5:9에서 예루살렘의 딸들은 이해할 수 없는 신부의 사랑을 궁금해한다. "도대체 너의 사랑하는 분이 어떤 분이시길래 네가 겪은 모든 어려움과 상관없이 계속해서 그분을 사랑하는 거니? 너는 우리가 그분에게서 보지 못한 무언가를 본 것이 틀림없어. 우리는 너의 사랑을 이해하기 어려워. 도대체 너는 그분에게서 무엇을 발견한 거니?"

예루살렘의 딸들의 질문에 신부는 아가서 5:10~16까지 예수님의 영광과 아름다움을 놀라운 상징으로 묘사한다. 이 구절들은 성경 전체에서 예수님을 향한 가장 화려한 찬사이다. 신부는 영혼의 깊은 밤 속에서도 하나님의 사랑과 아름다움에 사로잡혀 하나님의 부재와 지도자와의 불화라는 큰 압박 가운데 화내거나 환멸감에 빠지지 않고 하나님의 아름다움을 극찬한다.

예루살렘 딸들은 신부의 놀라운 하나님 묘사에 도취되어 6:1에 이렇게 묻는다. "여인들 가운데서도 빼어나게 아리따운 여인아, 너의 임이 간 곳이 어디냐? 너의 임이 간 곳이 어딘지 우리가 함께 임을 찾아 나서자." 하나님을 향한 신부의 뜨거운 사랑이 효과적인 간증이 되어 다른 이들의 마음을 이끈다. 이 시점에서 신부는 영적 진전의 세 번째 단계에 올라 6:3에서 이렇게 고백한다. "나는 임의 것, 임은 나의 것." 예전에 신부는 먼저 예수님이 자신의 것이고 그다음 자신이 주님의 것이라고 고백했지만 이제 우선순위가 바뀌어 주님을 먼저 생각한다. 아가서 5장의 극한 시험을 통과하면서 신부의 내면에 근본적인 혁명이 일어나 하나님 중심으로 바뀌었다! 신부의 마음의 동기가 완전히 변화되었다.

주님의 응답

주님은 신부의 마음에 큰 변화가 일어난 것을 보시고 우리가 상상할 수 있는 가장 멋진 선포로 예루살렘 딸들 앞에서 신부의 정당성을 입증하신다.

> "5 나의 사랑 그대는 디르사처럼 어여쁘고, 예루살렘처럼 곱고, 깃발을 앞세운 군대처럼 장엄하구나. 6 그대의 눈이 나를 사로잡으니, 그대의 눈을 나에게서 돌려 다오." (아 6:4~5)

고대의 군대는 승리를 거두고 돌아올 때 깃발을 높이 들었다. 예수님께서 신부를 향해 승리한 군대라고 부르시는 것은 다음과 같은 의미이다. "너는 네 내면의 대적에게서 승리했구나! 너는 순전한 사랑에서 멀어지게 하는 마음속 원수들을 이겼다." 그리고 예수님은 신부를 바라보시며 말씀하신다. "그대의 눈이 나를 사로잡으니, 그대의 눈을 나에게서 돌려다오." (아 6:5)

영혼의 깊은 밤 동안 신부는 예수님의 임재나 말씀을 느낄 수 없었다. 끝없이 길게 느껴지는 침묵 속에 신부는 쉬지 않고 생각했다. "예수님께서 지금 나를 어떻게 생각하실까? 화가 나셨나? 내가 예수님을 불쾌하게 해드렸나? 혹시 나를 버리신 걸까?" 예수님은 영원 같았던 긴 침묵을 뚫고 신부에게 말씀하신다.

"네가 나의 임재를 느낄 수 없을 때 내가 너를 어떻게 생각했는지 말해줄게. 너는 아무것도 느낄 수 없는 중에도 꿋꿋이 나를 사랑했다. 그런 너의 순수한 모습을 보고 내가 얼마나 감동했는지 몰라. 오, 나를 향한 너의 헌신적인 사랑에 내 마음이 벅차다! 내 마음을 너에게 완전히 빼앗겼어!" 만왕의 왕 만군의 주께서 우리에게 이렇게 달콤한 고백을 하신다니! 우리 주님은 마지막 날에 강력한 임재로 원수를 물리치실 전쟁의 용사시며 이 땅의 모든 대적과 모든 권세와 하늘과 땅의 그 어떤 것도 이길 수 없으신 분이다. 실로 주님은 고통 중에도 신실하게 믿음과 사랑을 지키는 사랑하는 신부 외에 그 누구에게도 지지 않으시는 위대한 하나님이시다.

하늘 보좌 우편에 앉으신 예수님께서 아버지께 말씀하신다. "아버지, 아버지께서 해내셨습니다. 아버지께서 저를 사랑하셔서 사랑스러운 신부를 약속하셨습니다. 그 신부는 저와 많은 공통점이 있으며, 저의 마음과 열정을 이 땅에 풀어 놓을 것이라고 말씀하셨지요. 아버지께서 저와 함께 십자가를 질 신부를 주셨습니다. 저는 신부를 정말 사랑합니다. 오, 거룩한 아버지, 신부는 성숙했고 저와 동역할 준비가 되었습니다. 이제 저는 신부와 함께 열방에서 추수를 일으킬 것입니다. 감사합니다, 아버지!"

은혜로 말미암아

주님의 열렬한 사랑 고백을 받은 신부에게서 깜짝 놀랄 반응이 터져 나온다.(아 6:11~12) 예수님의 사랑은 신부의 마음을 새롭게 불태워 이전에 경험한 적 없던 열정으로 주님의 몸 된 교회에 다가서게 한다. 이제 신부는 미성숙한 성도들의 연약함을 예민하게 받아들이기보다 주님께서 자신에게 하셨던 것처럼 미성숙한 성도들의 내면의 가능성에 집중하면서 그들이 치러야 할 영적 전쟁과 지속적인 성장에 더 큰 관심을 둔다. 이전에 신부는 다른 사람들을 하나님의 사랑으로 조건 없이 사랑하지 못했지만, 하나님의 사랑 고백을 통해 열정으로 불타올라 연약한 사람들을 진심으로 위로하고 자신을 공격하고 조롱했던 성도들까지 품고 돌보려 한다. 하나님께서 신부의 성품에 없던 새로운 사랑을 신부의 마음을 통해 사람들에게 흘려보내신다.

두 가지 반응

성도들은 교회를 향한 열정으로 충만한 신부에게 두 가지 모습으로 반응한다. 먼저, 아가서 6:13에 하나님께서 신부를 변화시키신 것을 인정하는 예루살렘 딸들이 이렇게 말한다, "술람미 아가씨야, 돌아오너라, 돌아오너라." 신실한 성도들은 신부의 삶에 임한 성령님의 기름부음을 통해 은혜받기를 원한다.

그러나 아가서 6:13의 후반부에 하나님께서 신부를 변화시킨 것을 인정하지 않는 질투에 찬 성도들의 냉소적인 반응도 나온다. 그들은 신부의 열정적인 모습이 기분 나쁘다. "예루살렘 딸들아 들어 봐, 우리는 너희가 신부와 아무런 관계가 없다고 생각해. 신부는 율법적이고, 편협하고, 극단적이야. 나쁜 본보기지. 그런데 왜 너희는 신부를 보고 싶어 하니?"

이것은 "두 진영의 춤THE DANCE OF THE TWO CAMPS"이라고 하며, 신실한 성도들과 신실하지 않은 성도들 간에 늘 있었던 긴장감이다. 우리가 솔직하게 인정해야 할 부분은 놀랍게도 교회 안에 신실하지 않은 사람들이 있다는 점이다. 거룩함과 정결함, 더 큰 헌신, 예수님과 더 깊은 친밀함에 관심도 없고 도전받기는 더더욱 싫어하는 사람들 말이다. 실제로 교회 역사를 보면 언제나 다윗 같은 사람의 주변에 사울 같은 사람이 존재했으며, 신부의 구별된 거룩함과 열정을 싫어하는 사람들 때문에 때로는 교회 안에 의도치 않은 분열이 일어나기도 한다.

변화를 입증하다

아가서 7:1~5에서 빈정대는 성도들이 신실한 성도들에게 "술람미 여자에게서 무엇을 보려느냐?"라고 질문하자 신실한 성도들은 신부에게 하나님의 은혜에서 비롯된 아름다움이 있다고 칭찬한다. 그리고 아가서 7:6~9에 주님께서 직접 신부의 정당성을 증명하신다. 신부의 키가 종려나무 같고 그 가슴이 열매 송이 같다는 말씀은 신부가 영적으로 연약한 신자들을 양육할 수 있는 능력이 있다는 의미이다.

23장 성숙한 사랑
Fully Mature Love

마지막 단계

거룩한 열정의 마지막 단계인 네 번째 단계는 아가서 7:10에 나온다. "나는 내 사랑하는 자에게 속하였도다, 그가 나를 사모하는구나."(개역개정판) 이 구절은 "주님께서 나를 원하신다. 나는 주님의 것이다"라는 고백이다. 이제 신부는 주님이 자신의 것이라는 아가서 1:13~14의 자기중심적 초점에서 자신이 주님을 위해 존재한다는 아가서 7:10의 하나님 중심적 초점으로 전진했다. 신부의 전환이 완료되었다. 자아가 죽고 오직 하나님만 위하여 살도록 결단했으며 신부의 유일한 관심은 주님의 유산이 되는 것이다. 이 시점에서 신부의 사랑은 온전하게 성숙했으며 주인의 포도밭에서 100배의 결실로 나타난다.

친밀한 섬김을 향한 외침

이제 우리는 아가서 7:11~13절을 통해 신부가 주님과 적극적으로 사역하기 원하는 모습을 본다. 아가서 2장에서 신부는 친밀함의 침상에서 일어나 열방을 향해 함께 가자는 예수님의 부르심을 거절했지만, 이제는 몇 번이나 "우리"라고 말하면서 주님과 함께 추수 밭에 가기 원한다고 분명하게 고백한다. 12절에서 신부는 이렇게 고백한다. "거기에서 나의 사랑을 임에게 드리겠어요." 이것은 "사역지에서 사역을 섬기면서 내 사랑을 당신에게 드리기 원합니다."라는 의미이다. 신부는 친밀함과 사역이 어우러지는 것이 어떤 의미인지 깨달았다. 신부는 예수님의 임재 안에서 기꺼이 타인을 위해 자신의 삶을 드릴 것이다.

완전한 의존

8장은 완전히 성숙한 신부의 영광스러운 모습을 보여준다. "그의 사랑하는 자를 의지하고 거친 들에서 올라오는 여자가 누구인가."(개역개정판) 신부의 내면에서 일어나는 변화는 아주 급진적이어서 예전의 연약한 모습은 거의 사라졌으며 거친 들로 비유되는 힘든 과정을 승리하고 당당하게 올라온다. 신부의 삶에서 가장 뛰어난 부분은 이전보다 더 하나님을 사랑하고 하나님께 의지하려는 모습이다. 우리는 성숙한 성도들에게 평범한 신자보다는 월등하고 흔들리지 않는 기둥처럼 신실한 영적 거인의 모습을 기대한다. 하지만 성숙한 사람들의 실상은 거친 들에서 옛 자아가 산산조각나서 사랑하는 하나님을 의지하지 않으면 혼자 걸을 수도 없을 정도로 연약하다. 이 "완전한 의존"이 신부가 가진 성숙함의 비결이다. 하나님은 지금 하나님을 위해 기꺼이 상한 마음과 연약함을 인정하고 주님을 절대적으로 의지할 사람을 찾으신다.

언약적 헌신

이제 예수님께서 신부에게 말씀하신다, "너는 나를 도장 같이 마음에 품고 도장 같이 팔에 두라."(아 8:6, 개역개정판) 주님은 성령의 권능으로 신부의 마음에 인 치신다. 인 치는 것은 일반적으로 보존을 의미한다. 우리는 보통 잼 한 병을 밀봉하고 보존식품이라고 부른다. 인은 병 안의 내용물을 보호하여 원래의 맛을 보존한다. 주님은 "너의 사랑을 보존하기 위해 나를 초대하여 내가 너의 사랑을 단단히 밀봉하므로 어떤 것도 너를 망치지 않게 하라. 네 마음을 나의 사랑의 도장으로 인치고 끝까지 너의 사랑을 보존할 것이다"라고 말씀하신다. 신부의 팔에 찍힌 도장은, 육신의 팔이 아니라 성령님의 권능 안에서 행하려는 헌신을 의미한다.

하나님의 불같은 사랑

아가서 8:6은 하나님의 사랑이 불이라고 한다. "사랑은 죽음 같이 강하고 질투는 스올 같이 잔인하며 불길 같이 일어나니 그 기세가 여호와의 불과 같으니라."(개역개정판) 죽음은 우리의 삶을 가로막는 죄나 마귀보다 더 강한 대적이며 파괴되어야 할 최후의 원수이다. 죽음은 지상의 모든 생명체가 피할 수 없이 직면하는 소모적 현실이다. 그러나 하나님의 사랑은 죽음보다 강하다. 예수님의 십자가 희생을 기억해 보자. 우리는 죽음의 권세가 예수님의 생명을 빼앗았다고 생각하지만 그렇지 않다. 예수님께서 사랑하는 아버지와 사람들을 위해, 사랑 때문에 생명을 내려놓으셨다. 죽음은 사랑을 이길 수 없다! 하나님의 사랑은 우리의 모든 것을 요구한다. 이 땅의 어떤 것도 죽음을 피하지 못하듯, 하나님의 사랑에 순복한 이들의 삶에 헛된 모든 것은 타버리고 사랑만 남는다.

"불길 같이 일어나니 그 기세가 여호와의 불과 같으니라." 마지막 구절은 문자 그대로 "여호와의 불길"이다. 하나님의 불과 비길 수 있는 것은 없다. 마지막 때에 하나님의 사람들의 마음에는 오직 하나님을 향해 타오르는 열정적인 사랑이 있다. 마지막 때를 살아가는 교회에 하나님 사랑의 신선한 계시가 강력하게 임하여 하나님의 사람들의 마음이 예수님께 완전히 사로잡혀서 교회의 모든 영역이 주님의 것이 된다.

우리는 종종 교회의 연약한 모습을 보면서 이렇게 질문한다. "하나님, 이렇게 연약하고 부끄러운 교회를 어떻게 흠도, 점도 없이 영광스럽고 특별하게 만드실 건가요?" 모든 사람이 저마다 크고 작은 내면의 상처와 중독과 죄의 속박이 있기 때문에 하나님께서 우리 같이 연약한 사람들이 모인 교회를 온전하게 하신다는 것을 이해하기 어렵다. 하지만 주님께서 이 질문에 답하신다.

"너는 인간적인 연약함이라는 한계를 통해 교회를 보고 있다. 그러나 나에게는 너의 문제와 교회의 연약함은 장애물이 아니며 맹렬하게 타오르는 나의 사랑의 불로 모든 것을 해결할 것이다. 이 땅에 내 사랑의 불을 부어서 네가 지금까지 경험했던 모든 것을 초월할만한 참되고 거룩한 사랑을 일깨워 교회가 이 땅에 다시 올 나의 아들을 주목하게 할 것이다!"

하나님께서는 이 땅을 변화시키실 때마다 불을 보내셨다. 때로는 하나님의 나라가 고통스러우리만치 느리게 전진하는 것처럼 보이지만, 하나님께서 불을 보내실 때 그 무엇도 하나님 나라의 뜻이 빠르게 펼쳐지는 것을 막을 수 없다. "나의 사랑의 불은 너의 영혼 안에 있는 모든 악한 저항을 녹여버릴 만큼 아주 뜨겁다." 하나님의 사랑은 가장 악한 사람들도 정결케 할 것이다.

신부의 마음과 영혼에 숨겨진 하나님과 부딪히는 견고한 진과 반항적 태도와 아픈 상처 같은 어떤 장애물도 하나님의 사랑의 불이 깨끗이 태우실 것이다. 사랑을 제외한 그 어떤 것도 하나님의 질투의 용광로에서 살아남을 수 없다. 사랑을 제외한 그 어떤 것도!

끌 수 없는 불

"많은 물도 이 사랑을 끄지 못하겠고 홍수라도 삼키지 못하나니"(아 8:7) 이 구절은 우리에게 이렇게 말한다. "하나님의 성도들의 마음에 예수님을 향해 불타오르는 사랑을 꺼버릴 만큼 큰 문제는 없다." 성경에서 물은 종종 성도가 감당할 수 없는 문제와 어려움을 상징하며 성경에 나오는 많은 사람이 감당하기 어려운 상황을 겪었고 오늘날의 성도들도 종종 역경과 위기의 홍수를 경험한다. 그러나 참된 하나님의 사람은 사단에게 가장 극심한 공격을 받고 나서 오히려 이전보다 더 깊고 불같은 하나님의 사랑으로 새롭게 일어선다.

요한계시록 12장에서 용(사단)은 교회를 죽이기 위해 격렬한 분노로 입에서 홍수를 뿜어내지만 성공하지 못한다. 사단이 하나님의 사람들에게 격렬한 고난의 홍수를 뿜어낼 때 하나님의 은혜가 원수의 홍수에 맞서 성도들의 마음속에 그 무엇도 끌 수 없는 사랑의 불을 더 크게 일으키기 때문이다. 성도들이 큰 시험에 직면하는 이 시대에 예수님은 우리에게 말씀하신다, "사단의 홍수를 두려워하거나 겁내지 마라. 내가 너에게 사단의 분노보다 더 강한 나의 사랑의 불을 부어줄 것이다." 하나님은 사단의 가장 큰 홍수를 덮어버리시는 강력한 사랑의 불이시다.

향기로운 동산

아가서 8장 13절은 신랑 되신 예수님의 마지막 요청이며 14절은 신부 된 교회의 마지막 요청이다. 13절에서 예수님은 하나님의 추수에 자신을 바친 신부가 완전히 성숙한 동역자가 되었다고 인정하시면서 이렇게 말씀하신다. "내가 너의 목소리를 듣고 싶어 한다는 것을 잊지 말아라." 앞서 본 것처럼 성숙한 신부의 목소리를 듣고 싶어 하는 사람들이 교회 안에도 많이 있지만, 그 누구보다 주님께서 신부를 원하신다는 사실을 잊어서는 안 된다. 신부는 주님을 위한 모든 수고 속에서도 예수님과의 친밀함을 빼앗겨서는 안 된다. 이 말씀은 아가서 1장을 떠오르게 한다. "너는 나를 인도하라 우리가 너를 따라 달려가리라." 예수님은 신부의 열성적인 사역을 용납하시면서 하나님을 향해 변함없는 초점으로 친밀한 관계를 계속 발전시켜야 한다고 말씀하신다.

이제 아가서 8장 14절, 예수님을 향한 신부의 마지막 요청을 보자. "임이여, 노루처럼 빨리 오세요. 향내 그윽한 이 산의 어린 사슴처럼, 빨리 오세요."(아 8:14) 신부는 예수님의 주권을 인정하면서 마지막 때에 그리스도의 재림을 통해 온 땅에 하나님의 통치와 승리가 임하도록 중보한다. 14절의 "빨리 오세요"는 "마라나타"의 또 다른 표현이다.(고전 16:22) 요한계시록 22:20에서 신부는 그리스도의 재림을 고대하며 외친다. "주 예수여 오시옵소서."

8장의 마지막 부분에서 교회는 "향내 그윽한 이 산"(향기로운 동산, 아 4:16, 5:1, 6:2)이라고 불린다. 이것은 마지막 때 임할 영원한 하나님 나라를 의미한다. 하나님 나라는 신실하게 믿음을 지킨 모든 신자의 삶에 열린 열매에서 나오는 매혹적인 향기로 충만할 것이다. 당신은 왜 그리스도의 신부된 교회가 이처럼 다양한 사람으로 구성된 독특한 인격적 연합인지 궁금한 적이 있는가?

나 역시 이 궁금증을 놓고 기도했는데, 내가 받은 한 가지 이유는 예수님의 마음이 너무나 깊고 넓고 심오하므로 그리스도의 마음을 터치하기 위해서 많은 성도의 다양한 헌신이 필요하기 때문이라는 것이다. 당신의 삶에서 나오는 향기는 그리스도의 마음을 기쁘게 한다. 한 개인의 고유한 삶의 헌신과 향기로운 산 제사는 다른 사람의 것과 비교할 수 없을 만큼 예수님께 소중하다. 교회의 모든 구성원이 사랑의 향기를 예수님께 드릴 때, 교회는 향기로운 동산GARDEN OF SPICES, 그리스도를 위한 정원이 되어 주님의 마음을 기쁘시게 한다. 이제 놀라운 내용으로 가득찬 아가서가 신부의 기도로 끝난다.

"주 예수여 어서 오소서! 이 시대의 모든 악을 이기고 우리를 건지소서. 우리를 영광으로 이끄시어 향기로운 동산에서 어린양의 신부된 교회와 함께 기뻐하게 하소서."

주 예수여 어서 오시옵소서! [1]

지난 몇 개의 장에서 마이크 비클의 아가서 강해의 내용을 사용하도록 사전 허락을 받았다. 나는 아가서에 관한 마이크의 깊이 있는 가르침에 격찬을 보낸다. www.IHOP.org 또는 전화번호 1-800-552-2449를 통해 추가적인 아가서 자료를 구할 수 있다.

하나님
의불같
은사랑

6부

가장 위대한 사랑

SECTION SIX
THE GREATEST IS LOVE

24장 하나님의 질투하시는 사랑
GOD'S JEALOUS LOVE

"너는 나를 도장 같이 마음에 품고 도장 같이 팔에 두라 사랑은 죽음 같이 강하고 질투는 스올 같이 잔인하며 불길 같이 일어나니 그 기세가 여호와의 불과 같으니라" (아가 8:6, 개역개정판)

나는 지난 장에서 아가서 8:6에 나오는 하나님의 불THE FIRE OF GOD의 두 가지 측면 중 하나만 설명했기 때문에 이번 장에서 "하나님의 질투하시는 사랑의 불"을 설명하고자 한다. 하나님의 사랑은 질투라는 또다른 측면이 있다. 하나님의 질투는 결코 쉬운 주제가 아니다.

참된 사랑이 있는 곳에 질투가 있다. 예를 들어 결혼 서약은 독점적인 사랑을 요구하며 이에 상응하는 질투를 동반한다. 만일 내가 진실로 아내를 사랑한다면 아내가 나 아닌 다른 사람과 사랑을 공유하도록 허용할 수 없다. 앞서 말한 결혼 서약의 관점을 하나님의 관계에 적용하면, 우리를 향한 하나님의 사랑은 아내를 향한 남편의 사랑 같아서 질투도 함께 한다. 이것은 매우 당연하고 자연스러운 결과다. 아마도 이 책을 읽는 모든 사람이 영원한 하나님의 사랑을 받고 누리기를 간절히 원할 것이다. 하지만 대다수의 사람이 하나님의 사랑이 임할 때, 질투도 함께 임한다는 사실은 생각하지 못한다.

건강한 질투

질투에는 건강한 질투와 건강하지 못한 질투라는 양면성이 존재한다. 피해망상에 기초한 건강하지 못한 질투는 남편이나 아내가 서로를 의심한 나머지 끊임없이 일거수일투족을 통제하려 한다. 하지만 이런 건강하지 못한 질투와 불신은 진짜 질투가 아니다. 참된 사랑은 "모든 것을 믿기 때문이다."(고전 13:7)

건강한 질투는 참된 사랑을 지키도록 요구한다. 참된 사랑은 이렇게 말한다. "당신을 사랑해요, 하지만 이 결혼이 유지되기 위해서는 당신의 사랑은 오직 나를 위해 아껴두어야 해요."

하나님의 질투는 강렬하다. 하나님은 우리의 사랑을 다른 어떤 우상과도 나누지 않기를 간절히 원하신다. "나 주는 질투라는 이름을 가진, 질투하는 하나님이기 때문이다."(출 34:14) 부부가 서로에게 독점적인 사랑의 권리를 가지듯, 하나님은 자기 백성에게 독점인 사랑의 권리를 가지신다.

하나님의 잔인한 질투

아가서 8:6은 우리에게 하나님 사랑의 두 가지 측면을 보여준다. 우리를 향한 하나님 사랑은 죽음같이 강하지만, 우리를 향한 하나님의 질투는 무덤보다 잔인하다. 많은 사람이 하나님의 사랑은 원하지만 맹렬한 하나님의 질투를 대비하지 않는다. 분명한 것은 하나님의 질투가 없는 사랑을 받을 수 없다는 것이다. 하나님의 사랑은 놀랍지만, 하나님의 질투는 잔인하다.

당신이 아가서 8:6의 말씀으로 "성령님 오셔서 제 사랑이 진실해지도록 제 마음에 인 쳐주세요"라고 기도하기 전에 두 가지를 미리 알아야 한다. 첫째, 당신은 죽음같이 강한 사랑에 마음을 여는 것이다. 둘째, 당신은 무덤보다 잔인한 질투에 마음을 여는 것이다. 주님의 사랑을 간구하는 사람들에게 하나님께서 물으신다. "너는 내 사랑이 질투와 함께 임한다는 것을 알아야 한다."

하나님은 사랑하는 자녀들에게 거룩하고 의로운 질투심을 가지신다. 하나님은 모든 사람의 사랑을 원하시지만 하나님의 소유된 신부들이 다른 열정과 즐거움에 정신을 빼앗긴 채 죄를 범하면, 하나님의 질투가 불같이 일어난다. 거룩하신 하나님과 사랑의 언약을 맺어 놓고 한눈을 파는 것은 아주 위험하다!

"분노는 잔인하고 진노는 범람하는 물과 같다고 하지만, 사람의 질투를 누가 당하여 낼 수 있으랴?" (잠 27:4) 이 말씀은 죄인이 하나님의 진노를 겪는 것과 신자가 고집스러우며 미지근하여 하나님의 질투를 겪는 것과 같은 것임을 보여준다. 바울은 타협하는 그리스도인들에게 이렇게 경고한다. "우리가 주님을 질투하시게 하려는 것입니까? 우리가 주님보다 더 힘이 세다는 말입니까?"(고전 10:22) 바울은 우리에게 묻는다, "무섭고 잔인한 주님의 질투를 일으킬 만큼 당신이 충분히 강하다고 생각합니까?"

질투의 결과

하나님의 질투는 실제로 몇몇 신자를 일찍 무덤으로 보냈다. 사도 바울은 고린도전서 11:30에서 어떤 이들이 그리스도의 몸과 피를 적절히 분별하지 않았기 때문에 잠들었다(죽었다)고 한다. 또 바울은 고린도전서 5:5에서 어떤 이들이 차라리 육신이 죽고 영혼이라도 구원 받는 것이 낫다고 한다. 하나님의 질투의 끝은 요한계시록 3:15~16에서 볼 수 있다.

> "나는 네 행위를 안다. 너는 차지도 않고, 뜨겁지도 않다. 네가 차든지 뜨겁든지 하면 좋겠다. 네가 이렇게 미지근하여, 뜨겁지도 않고 차지도 않으니, 나는 너를 내 입에서 뱉어 버리겠다."

나는 이 구절을 보면서 이렇게 생각했다, "설마요, 주님! 마지막 날 당신을 믿었던 누군가를 외면하시고 생명책에서 지우시겠다는 건가요?" 나는 사랑이신 하나님의 불같은 질투와 분노를 받아들이기 어려웠다. 왜 예수님은 믿음을 가졌지만, 사랑과 헌신으로 성숙하지 못한 신자들에게 가혹하게 대하시는가? 정답은 그리스도의 십자가에 있다. 당신이 십자가를 볼 때 뜨겁게 불타오르는 하나님의 사랑의 불길을 본다. 십자가는 외친다. "너를 향한 나의 사랑이 이렇게 뜨겁다!" 그리고 십자가에서 예수님은 외치신다, "나는 나와 같은 열정으로 나를 사랑하는 신부를 원한다."

혹시 당신은 예수님께서 지루하고 냉랭한 사랑에 만족하실 것이라고 생각하는가? 절대 아니다! 예수님은 그런 역겨운 사랑을 뱉어버리신다. 예수님은 오직 예수 그리스도 한 분만을 간구하는 열정으로 불타오르는 순수한 사랑을 요구하신다. 십자가를 통해 당신을 향한 하나님의 격렬한 사랑을 깨닫기를 바란다.

차가워진 사랑

예수님은 마지막 때가 되면 많은 신자의 사랑이 식을 것이라고 경고하셨다. "불법이 성하여 많은 사람의 사랑이 식을 것이다."(마 24:12) 식어버린 사랑, 이것이 오늘날 교회의 가장 큰 문제다. 우리의 마음이 불법에 노출될수록 더 큰 유혹을 겪고 예수님을 향한 사랑도 식는다. 불법의 상태는 무엇인가? 불법은 우리의 내면에 이렇게 속삭인다. "모든 것이 네 거야, 네가 하고 싶은 걸 해." 불법은 모든 절대적인 것을 상대화하고 개인이 스스로 옳고 그름을 결정하도록 선동한다.

오늘날 기독교의 가장 큰 적은 이런 자유주의 환경^{LIBERTARIAN ENVIRONMENT}이다. 불같은 박해는 성도들의 결의를 강화하지만, 모든 것을 상대적으로 만들어 관용하고 방임하게 하는 환경은 성도들의 마음을 해이하게 만들고 쉽게 타협을 받아들이게 한다. 불법이 넘쳐나는 이 세대에서 점점 더 많은 사람의 사랑이 식는 것을 그저 바라보아야만 하는가? 그렇지 않다. 질투하시는 하나님은 모든 성도의 사랑이 식지 않기를 바라시기 때문에 성도들에게 불같은 시련을 보내셔서 마음을 돌이켜 돌아오게 하신다.

시편 기자는 이렇게 선포했다. "내가 고난을 당하기 전까지는 잘못된 길을 걸었으나, 이제는 주님의 말씀을 지킵니다."(시 119:67) 이스라엘 백성이 이집트에서 고통을 겪으면서 하나님께 구원자를 보내 달라고 부르짖었듯이 우리가 겪는 고난은 구원자이신 하늘의 신랑께 기도하게 한다. 안타깝게도 우리는 고난이 없으면 이집트의 노예 생활에 익숙해져서 첫사랑을 쉽게 포기하는 경향이 있다. 더 깊고 뜨거운 사랑의 불을 지피도록 고난과 위기를 받아들이는 신실한 신자들에게 하나님의 약속이 있다.

> 그가 나를 간절히 사랑하니, 내가 그를 건져 주겠다. 그가 나의 이름을 알고 있으니, 내가 그를 높여 주겠다. (시 91:14)

"**하나님**의 소유된 자녀들이 다른 열정과 즐거움에 정신을 빼앗긴 채 살아가며 죄를 범하면, 하나님의 질투가 불같이 일어난다."

25장 사랑 해석학
THE LOVE HERMENEUTIC

우리에게 성경이 주어진 이유는 아주 분명하다. 바울은 단호하게 우리가 하나님을 사랑하고 이웃을 내 몸과 같이 사랑하도록 성경이 기록되었다고 한다.

> "이 명령의 목적은 깨끗한 마음과 선한 양심과 거짓 없는 믿음에서 우러나오는 사랑을 불러일으키는 것입니다." (딤전 1:5)

이전 구절(딤전 1:1~4)에서 바울은 성경이 철학적 논쟁을 일으키거나 신학적 추구를 격려하기 위해 기록된 것이 아니라고 분명히 말한다. 성경이 주어진 목적은 우리 안에 하나님과 이웃을 향한 사랑을 일으켜서 완성하는 데 있다. 그러므로 믿는 신자가 성경을 읽으면서 하나님과 이웃을 향한 사랑이 커지지 않는다면 핵심을 놓치는 것이다. 또 만일 내가 하나님의 말씀을 설교하고 가르칠 때, 듣는 이들을 그리스도를 향한 뜨거운 사랑으로 이끌지 못한다면 나의 설교와 가르침은 그저 성경의 남용일 수도 있다.

성경의 모든 내용은 우리 마음을 그리스도의 사랑으로 인도한다. 만일 이해하기 어려운 구절이 있다면 이렇게 질문해 보라. "이 구절이 나를 어떻게 하나님의 사랑에 연결해줄까?" 성경의 어떤 구절을 이해하는 유일한 방법은, 그 구절이 우리를 하나님의 사랑에 어떻게 이끌어 주는가의 관점으로 보는 것이다.

하지만 성경을 읽다 보면 도저히 이해하기 어려운 몇몇 구절이 존재하는 것도 사실이다. 나는 우리를 당황스럽게 하는 일부 구절들을 하나님의 사랑이라는 렌즈로 바라보면 이전보다 더 분명하게 이해되는 것을 깨달았고, 이 방법을 "사랑 해석학 THE LOVE HERMENEUTIC"이라고 부른다. 사랑의 해석학은 다음 질문을 통해 성경을 분석하고 해석한다, "나는 이 구절을 통해 어떻게 하나님의 사랑을 깨달을 수 있을까?" 이제 사랑의 해석학을 통해 성경 말씀이 어떻게 우리의 마음을 하나님의 사랑으로 안내하는지 살펴보자.

"그들이 돌아와서 용서를 받지 못하게 하시려는"

나는 제자들이 예수님께 항상 사람들에게 비유로 말씀하시는 이유를 물었을 때, 예수님의 답변을 도무지 이해할 수 없었다.

11 예수께서 그들에게 말씀하셨다. "너희에게는 하나님 나라의 비밀을 맡겨 주셨다. 그러나 저 바깥 사람들에게는 모든 것이 수수께

끼로 들린다. 12 그것은 '그들이 보기는 보아도 알지 못하고, 듣기는 들어도 깨닫지 못하게 하셔서, 그들이 돌아와서 용서를 받지 못하게 하시려는' 것이다." (막 4:11~12)

성경에서 하나님은 모든 사람이 회개하기 원한다고 하셨는데 도대체 왜 예수님은 사람들이 하나님의 진리를 듣고 회개하지 못하도록 숨기셨을까? 이 말씀을 "사랑 해석학" 렌즈로 살펴보자. 하나님은 모든 사람이 하나님의 아들, 주 예수님을 사랑하기를 원하신다. 예수님은 하나님 나라를 전파하시면서 사람들이 세상과 예수님 사이에서 둘 중의 하나를 선택하도록 도전하셨다.

하나님은 사람들이 진리를 듣고 지적인 수준에서 설득되어 회개하고 죄를 용서받지만 예수 그리스도를 향한 뜨거운 사랑은 없는 비극적인 상황에 빠지는 것을 원하지 않으신다. 즉, 하나님은 회개가 머리의 합리적 이론으로 일어나는 것이 아니라 마음에서 뜨거운 사랑으로 일어나기를 바라신다.

예복을 입지 않았다

아무리 봐도 이해할 수 없었던 구절이 또 있다.

10 종들은 큰길로 나가서, 악한 사람이나, 선한 사람이나, 만나는 대로 다 데려왔다. 그래서 혼인 잔치 자리는 손님으로 가득 차게 되었다. 11 임금이 손님들을 만나러 들어갔다가, 거기에 혼인 예복을 입지 않은 사람이 한 명 있는 것을 보고 그에게 묻기를, 12 '이 사

람아, 그대는 혼인 예복을 입지 않았는데, 어떻게 여기에 들어왔는가?' 하니, 그는 아무 말도 하지 못하였다. 13 그 때에 임금이 종들에게 분부하였다. '이 사람의 손발을 묶어서, 바깥 어두운 데로 내던져라. 거기서 슬피 울며 이를 갈 것이다.' (마 22:10~13)

어떻게 예복 없이 어린 양의 혼인 잔치에 참여할 수 있는가? 나는 사랑의 렌즈를 통해 만족스러운 답을 얻었다. 예수님은 이 비유를 통해 그리스도를 향한 사랑이 아닌 지적인 회개로 천국에 들어가려는 시도의 결과를 보여주신다. 어린양을 사랑하지 못한 사람은 사랑의 예복을 입지 못한다. 혼인 예복을 입지 않은 사람이 잔치에 어떻게 들어왔는지 질문받았을 때 이렇게 대답해야 했다. "제가 아는 것은 오직 당신을 사랑한다는 것입니다!" 그러나 그는 왕을 사랑하지 않았기 때문에 그렇게 말할 수 없었으며 결국 하나님 나라 밖으로 쫓겨났다.

이 구절은 그리스도의 신부가 되는 유일한 방법을 소개한다. 우리가 그리스도의 신부가 되는 유일한 방법은 신랑 되신 주님을 사랑하는 것이다. 이것은 예수님께서 시몬 베드로에게 하신 질문과 같다. "네가 나를 사랑하느냐?" 어떤 사람은 내게 이렇게 불평할지도 모른다. "밥, 당신의 말은 추측일 뿐이에요, 예복이 없는 사람이 그리스도를 사랑했는지 사랑하지 않았는지 알 수 없잖아요?" 당신이 내 사랑 해석학을 억지로 받아들일 필요는 없다. 그러나 사랑의 렌즈로 이 말씀을 보면 이 사람이 사랑이 아닌 다른 경로로 하나님 나라에 들어가려 했다는 사실을 알 수 있다.

사람은 복음을 듣고 이성적으로 분석하고 해석하며 이해득실을 따질 수 있다. 그러나 하나님은 사람들이 복음에 반응할 유일한 방법이 사랑에 있도록 하나님 나라를 세우셨다. 우리는 사람들에게 복음을 전하면서 십자가를 보여주고 이렇게 묻도록 위임받았다. "당신은 예수님을 사랑할 것입니까?"

왜 안드레는 제외되었나?

나는 왜 예수님께서 열두 제자 중 핵심 제자를 세우실 때 야고보와 요한, 베드로와 안드레 형제 중에 안드레를 제외하셨는지 궁금했다. 안드레를 제외한 베드로, 야고보, 요한은 예수님께서 이 땅에서 보내신 가장 영광스러운 시간 중 하나였던 변화 산 사건을 경험한 유일한 사람이었다. 도대체 안드레는 왜 제외되었을까?

내가 생각하는 답은 사랑에 있다. 예수님은 안드레를 제외한 세 명의 제자가 예수님을 가장 사랑하는 것을 아셨고, 세 제자는 사랑으로 가장 큰 영광을 누릴 수 있었다. 예수님을 향한 야고보의 사랑은 그가 열두 제자 중 첫 순교자였다는 사실에서 드러난다.(행 12:2) 야고보는 예수님을 향한 불같은 사랑 때문에 유대인들에게 죽임당했다. 야고보의 마음에는 고요하면서도 역동적인 열정이 있었을 것이다. 하나님께서 편애하시지는 않지만, 특별히 좋아하는 사람들이 있다. 하나님은 성실하게 주님의 얼굴을 구하고 철저한 순종으로 하나님과 동행하려는 사람들을 아끼신다.

예수님은 "가진 사람에게는 더 주어서 넘치게 할 것이다"라고 말씀하셨다. 당신이 하나님을 뜨겁게 사랑할수록 더 많은 하나님의 사랑이 부어질 것이다. 나는 이것을 안드레의 삶에서 본다. "분명히 내가 시몬 베드로를 예수님께 데려왔는데, 이제 베드로가 나보다 예수님께 더 가깝다니!" 안드레는 쓴 마음을 품을 수 있었지만, 오히려 마음을 지키고 여전히 예수님을 열심히 따랐으며 결국 신실함에 보상을 받았다. 예수님께서 성전을 나오셔서 감람산에 올라 성전을 마주 보고 앉으셨을 때, 예수님 곁에는 세 명이 아니라 네 명이 있었다.

> 예수께서 올리브 산(감람산)에서 성전을 마주 보고 앉아 계실 때에, 베드로와 야고보와 요한과 **안드레**가 따로 예수께 물었다. (막 13:3)

어떻게 안드레가 세 제자와 함께 예수님 곁에 있었을까? 하나님을 향한 뜨거운 사랑이 안드레를 예수님 곁으로 인도했다.

달란트 비유

자, 이제 마지막으로 예수님의 달란트 비유에서 한 달란트 받았으나 묻어둔 사람을 사랑의 렌즈로 살펴보자.

> 24 그러나 한 달란트를 받은 사람은 다가와서 말하였다. '주인님, 나는, 주인이 굳은 분이시라, 심지 않은 데서 거두시고, 뿌리지 않은 데서 모으시는 줄로 알고, 25 무서워하여 물러가서, 그 달란트를 땅에 숨겨 두었습니다. 보십시오, 여기에 그 돈이 있으니, 받으십시오.' (마 25:24~25)

예수님은 한 달란트 묻어둔 종에게 이렇게 말씀하셨다, "이 쓸 모없는 종을 바깥 어두운 데로 내쫓아라."(마 25:30) 이 종은 달란트를 남기지 못해서 쫓겨난 것이 아니라 주인을 사랑하지 않았기 때문에 하나님 나라에서 쫓겨났다. 주인을 굳은 사람이라고 보는 종의 왜곡된 관점은, 그가 주인을 잘 알지 못했으며 사랑하지 않았다는 사실을 입증한다. 이 비유는 우리에게 사랑은 "열매 맺지만" 두려움은 "묻어버린다"라는 진리를 보여준다. 달란트를 묻은 자에게서 나타나는 하나님을 향한 두려움은 우리가 열매 맺지 못하게 하지만, 달란트를 일구어낸 자에게서 나타나는 하나님을 향한 신뢰와 사랑은 하나님 나라의 열매 맺음과 축복이라는 더 큰 차원으로 우리를 인도한다.

"**하나님**께서 편애하시지는 않지만, 특별히 좋아하는 사람들이 있다. 하나님은 성실하게 주님의 얼굴을 구하고 철저한 순종으로 하나님과 동행하려는 사람들을 위한 최고의 만남을 남겨 두셨다. 예수님은 "가진 사람에게는 더 주어서 넘치게 할 것이다"라고 말씀하셨다. 당신이 하나님을 뜨겁게 사랑할수록 더 많은 하나님의 사랑이 부어질 것이다."

26장 사랑 안에 온전해지다
PERFECTED IN LOVE

네 하나님 여호와는 소멸하는 불이시요 질투하시는 하나님이시니라.
(신 4:24, 개정)

오직 그분만이 죽지 않으시고, 사람이 가까이 할 수 없는 빛 속에 계시고, 사람으로서는 본 일도 없고, 또 볼 수도 없는 분이십니다. 그분에게 존귀와 영원한 주권이 있기를 빕니다. 아멘. (딤전 6:16, 새번역)

성경은 하나님께서 "소멸하는 불"이시며 "사람이 가까이할 수 없는 빛"에 거하신다고 증거한다. 우리가 이 빛에 가까이 갈 수 없는 이유는 하나님의 빛이 타오르는 불이기 때문이다. 하나님은 우리가 더 잘 이해할 수 있도록 불이라는 비유를 주셨다. 또 하나님께서는 별이라는 창조물을 통해 영적인 질서를 더 잘 이해할 수 있게 하셨다. 성경에 우리가 별과 같이 빛날 것이라고 말하는 구절을 기억하는가? (단 12:3, 마 13:43)

과연 별은 어떻게 빛을 낼까? 별이 빛나는 이유는 중력 때문이다. 별의 질량이 클수록 중력도 크고 큰 중력으로 별의 입자들이 압축될 때 핵융합반응을 일으키면서 엄청난 양의 빛과 열을 방출한다. 이런 현상을 보면 별은 거대한 원자로와 같다.

또 예수님은 우리가 해같이 빛날 것이라고 말씀하셨다.(마 13:43) 성경에서 "영광"이라는 단어는 "무거움", "중량"을 의미한다. 하나님은 영광을 통해 우리에게 영적 중량을 주실 것이다. 마지막 때가 되어 우리가 하나님의 영광에 참여하면 마치 별의 중심에서 핵반응이 일어나 빛이 나는 것처럼 우리 내면에서부터 영광의 빛이 뿜어져 나올 것이다.

만일 우리가 태양과 별처럼 빛난다면 온 우주의 위대한 창조자이신 하나님은 얼마나 더 빛나시겠는가? 하나님의 영광(중량감)은 믿기 힘들 정도이며, 하나님의 가장 깊은 곳에서 태양의 핵융합처럼 영적인 폭발이 일어난다. 이것이 하나님의 거룩한 임재의 불과 빛의 근원이다. 그러므로 사람은 하나님의 거룩하고 영광스러운 빛과 불에 가까이 갈 수 없다.

영원한 불

마지막 때가 되면 모든 사람이 예외 없이 "영원한 불"과 함께 살 것이다. 중요한 것은 어떤 불과 함께하냐는 것이다. 하나님의 사랑의 불인가 하나님의 진노의 불인가? 사실, 이 두 불의 근원은 모두 하나님이시다. 마태복음 13:41~43에서 예수님은 모든 사람이 영원한 불을 향해 간다고 증거 하셨다. 그날에 어떤 이들은 심판받아 불타는 용광로에 던져지고 어떤 이들은 아버지의 나라에서 해와 같이 빛날 것이다. 귀한 성도여, 하나님께서 소멸하는 불이시듯 당신도 하나님의 사랑과 거룩으로 격렬하게 타오르는 불이 되기를 바란다. 당신 안에 정결하게 하는 소금과 불을 준비하라. 소멸하시는 주님의 열정이 당신의 내면의 헛된 것을 소멸하게 하라. 하나님의 사랑으로 불붙인 불꽃이 되라!

불같은 시련의 목적

우리가 하나님의 열정적인 사랑으로 불타오르기 위해 불같은 시련을 경험한다. 이 필연적인 시련의 목적은 우리가 하나님의 사랑 안에서 온전해지기 위해서이다.

> 17 사랑이 우리에게서 완성되었다는 사실은 이 점에 있으니, 곧 우리로 하여금 심판 날에 담대함을 가지게 하려는 것입니다. 우리가 이렇게 담대해지는 것은, 그리스도께서 사신 대로 또한 우리도 이 세상에서 그렇게 살기 때문입니다. 18 사랑에는 두려움이 없습니다. 완전한 사랑은 두려움을 내쫓습니다. 두려움은 징벌과 관련이 있습니다. 두려워하는 사람은 아직 사랑을 완성하지 못한 사람입니다. (요일 4:17~18)

불같은 시련 속에 담긴 하나님의 뜻과 목적을 이해하지 못하면 누구나 두렵기 마련이다. 1992년 5월의 어느 날, 목에 구슬이 걸린 것 같은 이물감과 극심한 통증이 찾아 왔다. 의사는 나에게 "후두 접촉성 육아종"이라는 진단을 내렸다. 더 이상 이전처럼 노래하거나 설교할 수 없었고 일상적인 대화도 불가능했으며 그저 아주 작게 속삭이는 정도로만 말할 수 있었고, 이마저도 몸 상태가 좋았을 때만 가능했다. 내 친구 몇은 나를 보고 이렇게 생각했다. "오 이런, 하나님께서(신실하게 살아온) 밥에게 이렇게(잔인하게) 역사하셨다면, 나에게는 어떻게 하실지 정말 궁금해(두려워)."

우리는 하나님의 불이 우리 삶에 어떻게 나타날지 알 수 없기 때문에 두려워하며 불같은 시련이 하나님을 닮게 한다는 것도 인정하기 어렵다. 솔직히 고백하자면, 나는 하나님의 불같은 시련 앞에 완전히 무너졌다. 설교자와 예배자로 신실하게 살았다고 생각한 나에게 하나님께서 이렇게 큰 시련과 상처를 주시다니, 지금보다 더 심하게 하시지 않을 이유가 없다고 생각했다. 바로 그때, 내 안에 밀려드는 두려움의 파도를 보면서 나는 아직도 하나님의 사랑 안에서 온전하지 않음을 깨달았다. 하나님의 종이 하나님의 불을 더 이상 두려워하지 않고 삶을 만지시는 하나님의 위대한 자비로 받아들일 때 하나님을 향한 사랑이 완전해진다.

이 완전한 사랑은 하나님의 용광로에서 뿜어져 나오는 격렬한 열기를 수개월, 심지어는 수년간 거쳐야 얻을 수 있다. 고통받는 종은 불같은 과정을 통제할 수 없으며 하나님께서 모습을 드러내실 영광스러운 날을 기다릴 뿐이다. 이 영광스러운 날은 성도가 뜨거운 불 속에서 철저하게 순종하며 "하나님의 사랑의 불이여 나를 소멸하소서. 당신의 불로 내 마음을 태우소서. 제안에 사랑만 남을 때까지 모든 것을 태워주십시오"라고 고백할 때 다가올 것이다. 요일 4:17에 따르면 당신이 인생 속에서 인내로 하나님의 불을 통과할 때 하나님의 보좌 앞에서 모든 사람이 직면할 심판의 불을 대면할 수 있는 큰 담력을 얻는다.

사랑이 우리에게서 완성되었다는 사실은 이 점에 있으니, 곧 우리로 하여금 심판 날에 담대함을 가지게 하려는 것입니다. 우리가 이렇게 담대해지는 것은, 그리스도께서 사신 대로 또한 우리도 이 세상에서 그렇게 살기 때문입니다.

사도 요한의 상급

9 예수 안에서 여러분의 형제요 예수 안에서 환난과 그 나라와 인내에 여러분과 더불어 참여한 사람인 나 요한은, 하나님의 말씀과 예수에 대한 증언 때문에 밧모라는 섬에 갇혀 있게 되었습니다. 10 주님의 날에 내가 성령에 사로잡혀 내 뒤에서 나팔 소리처럼 울리는 큰 음성을 들었습니다. (계 1:9~10)

사도 요한은 하나님의 말씀을 전하고 예수님을 증거했기 때문에 부당하게 고난받아 외딴 섬에 유배되었지만, 여전히 하나님을 사랑했다. 요한의 사랑은 "주의 날에 내가 성령에 감동되어"에서 드러난다. 요한은 거절당했고 부당한 대우를 받았으며 모든 사역에서 고립되었다. 이 정도 어려움이면 충분히 자기 연민에 사로잡힐 수도 있었지만 "성령에 감동"되었으며 고통 속에서도 예수님을 사랑했고 고난 속에서도 의로웠기 때문에 주의 날을 신실하게 지켰다. 하나님은 요한의 순종에 감동하여 그리스도의 계시를 주셨다. 오 주님, 저에게도 그리스도의 계시를 주시옵소서! 만일 요한이 형편없는 태도로 널브러져 있었다면 계시를 받을 수 없었을 것이다.

외롭게 고난받는 요한에게 원수는 이렇게 속삭였을 것이다. "요한, 너는 예수님의 가슴에 기대어 예수님께서 사랑하시는 제자라고 불렸었지. 네가 그렇게 사랑하는 주님 때문에 지금 어떻게 됐지? 여기 하나님께 버림받은 섬에서 썩고 있구나! 예수님을 사랑한 결과는 뭐냐? 도대체 그 사랑은 어디에 있는 거야?" 그러나 요한은 불평과 원망 대신 성령에 감동되었으며 요한의 유배는 실패가 아니라 예수님을 향한 사랑이 옳은 것임을 증명했다. 요한은 불같은 시련 속에서도 마음을 지켰고 그 보상을 받았다. 만일 당신이 고난의 터널을 지나고 있다면 주님을 향한 사랑을 단단히 붙들어라. 주님께서 당신에게도 상급을 주실 것이다.

생명보다 소중한 사랑

다윗도 부당한 고난 속에서 마음을 바르게 지키는 것의 중요성을 깨달았다. 다윗이 유대 광야에 있을 때 쓴 시를 보자. "주님의 한결같은 사랑이 생명보다 더 소중하기에, 내 입술로 주님께 영광을 돌립니다."(시편 63:3) 사울이 다윗을 죽이기 위해 뒤쫓았지만, 하나님의 사랑으로 흠뻑 젖어 있던 다윗은 사울을 죽일 기회를 두 번이나 거절하고 이렇게 말한다. "만일 사울이 나를 쫓아와 죽인다면 내 영혼을 가득 채우시는 하나님의 사랑 속에서 죽는 것이 원수에게 복수하고 하나님의 사랑을 잃는 것보다 낫다."

우리는 세상적인 성취를 추가하는 것과 하나님의 인자하심을 추구하는 것 중 선택할 수 있다. 과연 누가 하나님의 인자하심이 자신을 죽음의 길로 인도하리라 예상할까? "만일 당신이 스스로 생명을 지키려 한다면 그것을 잃을 것이다. 하지만 그 생명을 하나님께 맡기고 내려놓는다면 생명을 얻을 것이다." 다윗이 선택한 하나님의 사랑은 다윗을 죽음의 위협으로 가득한 광야로 인도했지만 이렇게 고백한다. "나는 다른 어떤 즐거움보다 하나님과 함께 있으면서 사랑을 누리는 것이 좋습니다."(시 27:4) 일상의 많은 일보다 예수님의 품 안에 있을 때 당신의 영혼 속 하나님의 사랑이 온전해진다. 영화를 보고 친구와 함께하며 취미를 즐기는 그 어떤 것보다 예수님과 시간을 보내는 데 집중하라. 하나님의 사랑 안에서 우리를 온전하게 하시기를 기도하자!

하나님의 구원

다윗이 인생의 모든 영역에서 바르게 산 것은 아니지만 큰 실수 속에서도 하나님을 피하지 않고 전심으로 찾고 부르짖었다. 시편 91:14의 고백은 다윗이 직접 경험한 것이다. 다윗은 고난 중에도 전심으로 하나님을 추구하며 사랑했기 때문에 주님께서 인도하시고 건져주시고 높여주셨다.

"(하나님께서 말씀하신다.) 그가 나를 간절히 사랑하니, 내가 그를 건져 주겠다. 그가 나의 이름을 알고 있으니, 내가 그를 높여 주겠다."

내가 신학적으로는 틀릴 수 있다 해도, 하나님을 사랑한다면 나는 승리한 것이다. 반대로 내가 신학적으로 맞다 해도, 하나님을 사랑하지 않는다면 나는 패배한 것이다. "주 너의 하나님을 사랑하라." 이것이 가장 위대한 계명이다. 만일 당신이 고통스러운 환경에 처해 있다면, 나는 당신에게 그저 잠잠히 하나님을 사랑하라고 격려하고 싶다. 당신의 사랑을 하나님께 꼭 붙들어 매고 어떤 방해가 있더라도 전부를 하나님께 드려라. 하나님은 시험과 환란에 빠진 사랑하는 사람들을 구원하신다. 주님을 향한 우리의 사랑은 고난 속에서 완전해진다. 참된 사랑은 인생의 고난 속에서 하나님의 뜻을 본다. 하나님을 향한 참된 사랑은 구원뿐만 아니라 성숙을 가져다주는데, 이는 온전히 그리스도를 닮기 위해 마련된 불같은 상황을 인내하게 한다.

사랑을 온전하게 하는 신실함의 표현들

나는 타고난 마르다 스타일의 행동가이다. 그러나 하나님은 내 기질을 바꾸서서 먼저 사랑하고 그다음 행동하는 사람으로 바꾸시는 중이다. 나의 경우, 하나님은 나를 새로운 차원의 예배를 통한 관계로 이끄시기 위해 개인적인 위기들을 사용하셨다. 나는 하나님께서 힘든 상황을 통해 우리를 성숙하게 하시고 하나님께 의지하게 하시는지 경험하고 있다.

나는 각 사람의 예배의 삶에 훈련, 기쁨, 필사적 의존이라는 점진적인 성화의 세 가지 차원이 있다고 본다. 모든 신자가 성화의 여정을 시작해서 하나님과 함께 보내는 시간 속에서 "**훈련**"에 헌신함으로 하나님과 예배 관계를 구축하고, 하나님께서 우리의 참된 "**기쁨**"이 되셔서 하나님과 함께하기를 더욱 갈망하는 자리로 우리를 이끄신다.

그런데 나는 훈련과 기쁨보다 더 높은 예배의 차원인 "**필사적 의존**"이 있음을 깨달았다. 주님은 성도의 삶에 큰 위기를 허락하셔서 하나님의 얼굴을 구하는 자리로 몰아가시는데, 이 상황에서는 오직 하나님의 미소만이 우리가 정신 차리고 깨어있을 수 있는 유일한 힘이다. 필사적 의존의 차원에서 성도는 마치 물에 빠진 사람이 발버둥 치는 것처럼 열정적으로 예수님을 추구하며 하나님의 입에서 나오는 모든 말씀을 사모한다.

이것이 아가서 8:5에 나오는 "의존적인 신부"에게서 잘 묘사된 성숙한 의존의 모습이다. 성령님께서 이 시대에 주시는 도전은 예수님과의 친밀한 교제다. 우리 내면이 이렇게 외친다, "주님, 어떻게 하면 당신과 더 친밀해질 수 있습니까?" 예수 그리스도를 더 알고자 주님 앞에 나아갈 때 다음 내용이 도움이 될 것이다.

● 보통 나는 아침에 주님과 "경건의 시간"을 갖고 하루 중 두세 번은 하던 것을 멈추고 하나님의 얼굴을 보며 그분이 내가 사는 이유이심을 확인한다. 이 시간이 주님을 향한 나의 사랑에 신실함을 더해주는 중요한 시간이다.

● 모임에서 사람들을 만나고 있다면, 조용히 빠져나와 한적한 곳에서 몇 분이라도 사람의 온기보다 주님을 더 사랑한다고 말씀드려라. 이런 신실함에 주님은 아주 놀랍게 반응하신다.

● 일반적으로 사람들은 순수하게 주님을 아는 기쁨보다 섬김의 보상으로 주어지는 열매를 더 원한다. 한때 나는 무의식적으로 예수님께 드리는 경건의 시간이 주님께 원하는 것을 받기 위한 시간이라고 생각했다. 그러나 예수님과 보내는 시간은 목적을 위한 수단이 아니며 그 자체가 목적이다. 사역 성취와 응답의 열매로 자신의 중요성을 평가하는 것보다 예배 속에서 하나님의 마음을 얼마나 추구하고 갈망하는지 돌아볼 때 우리의 삶에 새롭게 열리는 친밀함의 차원이 있다.

● 일 년에 한 번 정도는 바쁜 일정을 내려놓고 며칠간 혼자 조용히 머무는 시간을 가져라. 이 귀한 시간을 의미 있게 만드는 세 가지 요소는 금식과 고독과 복음에 몰입하는 것이다. 성령님의 능력으로 복음서에 기록된 예수님의 모습에 집중할 때, 당신의 예배 생활은 달라질 것이다.

27장 단순한 기도
A Simple Prayer

올해 초, 경건의 시간을 가지던 중에 하나님께서 나에게 삼중 기도THREE-FOLD PRAYER를 가르쳐 주셨다. 이 삼중 기도는 아주 단순하지만 하나님과의 친밀함에 큰 도움이 되었다. 만일, 당신이 경건의 시간을 가진다면 아래 나오는 삼중 기도를 적용해 보라.

기도 1. "주님, 나를 향한 당신의 사랑을 믿음으로 받습니다."
주님께서 말씀하신다, "나 주가 먼 곳으로부터 와서 이스라엘에게 나타나 주었다. 나는 영원한 사랑으로 너를 사랑하였고, 한결같은 사랑을 너에게 베푼다." (렘 31:3) 지체하지 말고 지금 주님께 고백하라. "주님, 주님께서 저를 사랑하시는 것을 믿습니다. 이제 당신의 사랑을 믿음으로 받습니다." 우리를 향한 주님의 사랑을 받기 전에는 우리가 주님을 먼저 사랑할 수 없다.

요한은 이렇게 기록했다. "우리는 하나님이 우리에게 베푸시는 사랑을 알았고, 또 믿었습니다."(요일 4:16) 그러나 많은 성도가 아직 이 구절을 이해하지 못하고 어떻게 전능하신 하나님께서 미천한 사람들을 사랑하실 수 있는지 고민하고 괴로워한다. "하나님, 정말 저를 사랑하세요? 어떻게 하나님께서 저같이 엉망진창인 사람을 사랑하실 수 있어요?"

하나님의 사랑을 받은 여러분, 하나님께서 당신을 열정적으로 사랑하시는 이유는 당신의 어떠함 때문이 아니라 하나님께서 사랑이시기 때문이다. 당신을 향한 하나님의 사랑은 당신이 누구이며 무엇을 했는가에 초점을 두지 않으시고, 하나님께서 누구이시며 당신을 위해 갈보리에서 무엇을 하셨는가에 근거를 둔다. 분명한 것은 하나님의 마음이 진실로 크고 위대해서 아버지의 마음으로 전 인류를 돌보신다는 것이다.

요한복음 3:16, "하나님께서 세상을 이처럼 사랑하셔서 외아들을 주셨으니, 이는 그를 믿는 사람마다 멸망하지 않고 영생을 얻게 하려는 것이다"에 아버지의 마음이 담겨 있다. "영원EVERLASTING"이란 단어는 양과 질 모두를 나타낸다. 하나님의 생명력은 양과 질에서 영원하고 충만하며 지속적이다. 역동적이고 살아있는 하나님의 생명력을 막을 것은 없다. 영원 그 자체도 말이다.

하나님께서 말씀하신다. "네가 알았던 그 어떤 생명과 같지 않은 새로운 생명을 너에게 부어줄 것이다. 이 생명은 놀랍도록 역동적이고 충만하며 영원한 생명이다." 우리를 향한 사랑을 묘사하기 위해 하나님은 우리를 "영원한 사랑"(렘 31:3)으로 사랑하신다고 말쏨하신다. 다시 말하지만 "영원"이란 단어는 양과 질 모두를 나타낸다. 하나님의 사랑은 영원히 지속된다. 하나님은 우리를 향한 사랑으로 충만하시며 그 사랑은 절대 멈추지 않을 것이다.

어떤 자료는 신약에서 사용된 사랑의 원어인 "아가페"를 "정복할 수 없는 자비와 거부할 수 없는 호의"라고 정의한다. 하나님의 사랑이 "영원"하다고 묘사하는 이유는 단순히 지속성 때문이 아니라 그 사랑의 질^{QUALITY} 때문이다. 하나님의 사랑은 그 어떤 것으로도, 영원조차도 끌 수 없이 격렬하게 타오른다. 영원이라는 시간의 흐름 속에서 태양조차 빛을 잃어도 하나님의 사랑은 우리를 위해 십자가에서 보여주셨던 것과 같은 열정으로 계속해서 타오를 것이다. 여기서 잠깐 멈추고 다시 고백하자. "주님, 나를 향한 당신의 놀라운 사랑을 믿음으로 받습니다."

기도 2. "주님을 사랑합니다."

삼중 기도의 두 번째 기도는 하나님께 당신의 사랑을 고백하는 것이다. 하나님을 향한 사랑의 고백은 언제나 좋은 일이다. 하지만 사랑을 고백하는 것에 머무르지 말고 그 표현을 더 확장할 방법을 찾아라. 당신의 깊은 감정과 생각을 표현할 방법을 찾기 위해 마음을 살피고 하나님을 향한 열정을 표현하는 능력을 키우기 위해 성령님께 도움을 구하라.

우리 마음속에 두려움과 사랑이 같은 흐름을 따라 움직인다. 우리 마음에서 하나님께로 흘러가는 강이 있는데 이 강에 우리의 사랑을 담을 수도 있고 두려움을 담을 수도 있다. 예수님은 요한

복음 7:38에서 이 강이 성령님을 통해 활성화된다고 말씀하셨다. 사단은 우리에게 두려움을 주어서 하나님을 향한 강의 흐름을 방해하려고 한다. 두려움은 하나님의 사랑을 거스르는 "역류"이며 하나님을 향한 우리의 사랑을 방해하고 억누르며 굳어버리게 한다. 그러나 요한일서 4:18은 "완전한 사랑은 두려움을 내쫓습니다."라고 우리에게 확언한다.

주님은 우리가 성령으로 충만해져 하나님의 사랑으로 두려움을 쫓아내기를 원하신다. 다윗은 이렇게 기도했다. "하나님, 나는 내 마음을 정했습니다."(시 108:1) 다윗의 고백은 이것이다. "오 하나님, 이제 제 마음은 흔들리지 않습니다. 이리저리 왔다 갔다 하거나 뜨거웠다가 차가웠다 하지 않습니다. 당신을 향한 저의 열정은 변하지 않습니다." 하나님의 사랑은 영원하다고(애 3장) 했는데 다윗은 자신 안에 하나님을 향한 영원한 사랑이 있다고 말한다. 하나님의 사랑은 "불변"한다.

다윗은 이렇게 말한다. "주님을 향한 나의 열정적인 사랑은 변하지 않습니다. 나는 변함없는 열정으로 주님의 얼굴을 향해 계속 나아갑니다. 당신이 저를 향해 가지신 것과 같은 사랑이 저에게 있습니다. 저도 하나님을 뜨겁게 사랑합니다." 매일 시간을 들여 하나님께 사랑을 고백하며 하나님을 향한 열정이 오늘도 변함없이 밝게 타오른다고 말씀드려라. 지금 실천하라!

기도 3. "주님, 오늘 제 이웃을 어떻게 사랑할까요?"

내 계명은 이것이다. 내가 너희를 사랑한 것과 같이, 너희도 서로 사랑하여라. (요 15:12)

헨리 나우웬은 이렇게 말했다, "당신이 하나님께 얼마나 깊이 사랑받는지 알수록 당신의 형제자매 역시 하나님께 얼마나 깊이 사랑받는 존재인지 알게 될 것이다. 이것이 하나님 사랑의 놀라운 신비이다." 내가 하나님을 넘치도록 사랑하며 하나님의 마음을 공유한다면 하나님께서 사랑하시는 사람들을 쉽게 사랑할 수 있다. 우리 삶의 목적은 단 한 가지, 예수님의 사랑 안에 살면서 그 음성을 듣고 순종하며 사는 것이다. 왕이신 하나님의 마음을 움직이는 가장 큰 비밀은 왕께서 사랑하시는 사람들을 돕고 섬기는 것이다.

여기, 간단한 "하나님 나라의 수학 공식"을 보자.

사역 - 사랑 = 탈진
사역 + 사랑 = 열매 맺음

나의 섬김이 그리스도를 향한 사랑에서 나오지 않으면 아무리 대단한 사역과 열정 넘치는 봉사라도, 결국 지치고 탈진할 수밖에 없다. 그러나 만일 내 섬김이 예수님을 향한 열정적인 사랑에서 나온다면, 나는 진정한 하나님 나라의 열매 맺음에 참여할 수 있다. 이제 같이 소리 내어 고백하자.

"주님, 형제 자매를 향한 나의 사랑이 당신을 향한 사랑에서 자연스럽게 확장되게 하소서. 세상을 향한 당신의 놀라운 사랑으로 형제자매를 사랑하도록 나를 인도하소서."

"하나님의 사랑이 "영원"하다고 묘사하는 이유는 단순히 지속성 때문이 아니라 그 사랑의 질 때문이다. 하나님의 사랑은 그 어떤 것으로도, 영원조차도 끌 수 없이 격렬하게 타오른다. 영원이라는 시간의 흐름 속에서 태양조차 빛을 잃어도 하나님의 사랑은 우리를 위해 십자가에서 보여주셨던 것과 같은 열정으로 계속해서 타오를 것이다."

28장 궁극의 절정
THE ULTIMATE PINNACLE

이제 진리의 절정을 설명하면서 이 책을 마무리하고 싶다. 나는 개인적으로 로마서 8장을 "성경의 히말라야산맥"이라고 부르는데, 성경 전체에서 로마서 8장에 담긴 영광스러운 진리는 절정이라고 부를 만큼 탁월하기 때문이다. 모든 성경에서 로마서 8장은 가장 숭고하고 감격스러운 진리의 산맥과 같으며 거룩한 계시의 최고봉(에베레스트)이다. 이제 진리의 히말라야 산맥 첫 큰 봉우리인 로마서 8:1~2을 함께 올라가 보자.

1 그러므로 그리스도 예수 안에 있는 사람들은 정죄를 받지 않습니다. 2 그것은, 그리스도 예수 안에서 생명을 누리게 하는 성령의 법이 당신을 죄와 죽음의 법에서 해방하여 주었기 때문입니다. (롬 8:1~2)

첫 번째 봉우리는 올라가기에는 높고 웅장해 보이지만 하나님의 은혜 안에 있다면 충분히 오를 수 있다. 이 첫 번째 봉우리는 그리스도인이라면 반드시 올라야 할 산이다. 신자는 하나님 안에 있을 때만 원수의 참소로부터 자유를 얻을 수 있다. 다음 위대한 절정은 로마서 8:11이다.

> 예수를 죽은 사람들 가운데서 살리신 분의 영이 여러분 안에 살아 계시면, 그리스도를 죽은 사람들 가운데서 살리신 분께서, 여러분 안에 계신 자기의 영으로 여러분의 죽을 몸도 살리실 것입니다. (롬 8:11)

우리는 이 말씀에서 로마서 8:15의 말씀으로 올라간다.

> 여러분은 또다시 두려움에 빠뜨리는 종살이의 영을 받은 것이 아니라, 자녀로 삼으시는 영을 받았습니다. 그래서 우리는 그 영으로 하나님을 "아빠, 아버지"라고 부릅니다. (롬 8:15)

하나님 아버지에 해당하는 아람어 "아빠^{ABBA}"는, 예수님께서 실제로 사용하신 단어다. 예수님께서 이 단어로 아버지를 향한 친밀함과 사랑을 표현하신 것처럼 우리도 친밀하게 아버지를 부르자.

고난을 해결하다

로마서 8장의 다음 세 가지 정점은 모든 그리스도인이 고난을 다루는 방법의 바른 관점을 제시한다.

"현재 우리가 겪는 고난은, 장차 우리에게 나타날 영광에 견주면, 아무것도 아니라고 나는 생각합니다." (롬 8:18)

바울은 이 땅에서 고난을 겪는 만큼 영광으로 변한다고 한다. 즉 이 땅에서의 작은 고난이 천국에서 큰 영광으로 변한다는 것이다. 고난 없는 영광은 없다. 고난이 클수록 영광도 크다.

"이와 같이, 성령께서도 우리의 약함을 도와주십니다. 우리는 어떻게 기도해야 할지도 알지 못하지만, 성령께서 친히 이루 다 말할 수 없는 탄식으로, 우리를 대신하여 간구하여 주십니다." (롬 8:26)

이 구절은 우리가 고통 속에 있을 때 성령님께서 우리의 기도를 돕는다고 한다. 성령님은 중보기도를 통해 우리가 고난을 이기고 삶 속에 하나님의 목적을 성취하도록 도우신다.

"하나님을 사랑하는 사람들, 곧 하나님의 뜻대로 부르심을 받은 사람들에게는, 모든 일이 서로 협력해서 선을 이룬다는 것을 우리는 압니다." (롬 8:28)

이제 속도를 좀 늦추면서 로마서 8:28을 살펴보자. 이 구절은 성경에서 가장 놀라운 진리 중 하나다. 28절의 확언을 간단히 말하면 이것이다. "우리가 고난 중에서도 하나님을 사랑하면 하나님은 그 고통스러운 상황을 한데 모아 그중에서 선한 일을 하신다."

이 진리는 결혼 7년 만에 남편이 죽은 성경 속 어떤 여인의 삶에 아름답게 그려져 있다. 그녀에게 자녀가 있었는지는 성경에 나오지 않는다. 어쩌면 재혼해서 아이를 가지고 싶었을지도 모르지만, 성경은 이 영역에서 침묵한다. 당시 과부들의 고단한 삶처럼 이 여인 역시 상한 마음과 고독 속에서 힘겹게 살았을 것이다.

나는 이 과부가 남편을 여의었을 때 하나님께 화가 많이 났을 것이라고 생각한다. 그러나 이 여인은 의문과 분노, 쓴 마음을 붙잡는 대신 하나님을 사랑하는 데 전념하기를 선택했다. 극심한 마음의 고통 속에서도 그저 하나님을 깊이 사랑하자 천천히 여인을 향한 하나님의 부르심, 선지자의 삶이 펼쳐지기 시작했다. 몇 달이 지나 몇 년이 되었고 성경은 이 여인이 "밤낮으로 금식과 기도로 하나님을 섬겼다"라고 한다. 이 여인의 기도는 틀림없이 이랬을 것이다, "주님, 이스라엘을 구원하소서!"

당신의 예상대로 이것은 신약 성경에 나오는 안나의 이야기다.(눅 2:36~38) 나는 안나가 살아있는 동안 메시아가 오실 길을 예비하는 중보기도자의 역할을 했다고 믿는다. 안나는 주님께서 오실 길을 위해 중보했고 메시아를 직접 보는 기쁨을 누렸다.

하나님께서 엘리야 시대에 이스라엘을 방문하고자 하셨을 때, 이스라엘에는 많은 과부가 있었지만, 하나님께서 신뢰할 수 있는 사람은 없었기 때문에 이방인 과부의 집으로 엘리야를 보내셨다. 하나님께서 안나의 시대에 이스라엘을 다시 방문하시려고 엘리야 때처럼 하나님의 목적과 뜻을 위해 믿을 만한 이스라엘의 한 과부를 찾으셨을 때 안나가 있었다. 이번에는 이스라엘 밖에서 찾을 필요가 없었다. 하나님은 주권적으로 안나가 그 과부가 되도록 예비하셨다. 하나님께서 안나의 남편을 데려가셨을 때 안나에게 이렇게 말씀하셨을 것이다. "안나야, 네가 그 과부가 되겠느냐? 중보기도로 메시아의 길을 예비할 과부가 되겠느냐?" 안나는 고통 속에서도 하나님만을 사랑함으로써 이 거룩한 역할의 자격을 얻었다. 왜 유독 하나님은 과부를 찾으신 걸까? 과부는 다른 일 때문에 산만하지 않고 하나님께서 명하신 중보기도에 온전히 헌신할 수 있었다.

요셉과 마리아가 성전에서 아기 예수님을 봉헌할 때, 평생을 바친 안나의 기도가 응답되었다. 성경은 이렇게 말한다. "바로 이 때에 그가 다가서서 하나님께 감사를 드리고, 예루살렘의 구원을 기다리는 모든 사람에게 이 아기에 대하여 말하였다."(눅 2:38) 결국 안나는 놀랍도록 큰 영광이자 이스라엘의 소망이신 예수님을 두 눈으로 보고 찬양했다! 안나의 삶은 로마서 8:28의 진리를 분명하게 보여준다 : 비극을 승리로 바꾸는 열쇠는 모든 것을 통해 하나님을 사랑하는 것이다.

에베레스트 산

내가 성경의 에베레스트 산이라고 부르는 로마서 8장의 마지막 가장 위대한 절정은 성경 진리의 절정을 보여준다. 하나님의 사랑은 모든 성경 진리 중에 가장 웅장하고 고귀한 성경의 에베레스트 산이다. 이 웅장한 산이 바로 당신 앞에 있다! 하나님의 사랑의 산을 바라볼 때 "보라 아버지께서 어떠한 사랑을 우리에게 베푸사 하나님의 자녀라 일컬음을 받게 하셨는가"(요일 3:1, 개정)라고 외치며 경이로움의 바다에 빠질 것이다. 바울은 믿음과 소망처럼 하나님의 은혜에는 또 다른 정점들도 있다고 말했지만, "그 가운데서 으뜸은 사랑입니다"(고전 13:13)라고 고백한다. 하나님의 사랑은 거대한 산과 같다. 바울은 에베소서 3:17~19에서 이 거대한 하나님 사랑의 산의 놀라운 비율을 이야기한다.

> 17 믿음으로 말미암아 그리스도를 여러분의 마음속에 머물러 계시게 하여 주시기를 빕니다. 여러분이 사랑 속에 뿌리를 박고 터를 잡아서, 18 모든 성도와 함께 여러분이 그리스도의 사랑의 너비와 길이와 높이와 깊이가 어떠한지를 깨달을 수 있게 되고, 19 지식을 초월하는 그리스도의 사랑을 알게 되기를 빕니다. 그리하여 하나님의 온갖 충만하심으로 여러분이 충만하여지기를 바랍니다. (엡 3:17~19)

"**모든 성도와 함께... 알게 되기를**" 바울은 우리가 하나님의 사랑으로 더 깊이 들어가도록 도전하면서, 공동체를 벗어나 혼자 고립되면 하나님의 사랑을 깨닫지 못한다는 것을 알려준다. 우리는 그리스도의 몸 된 교회 안에서 형제자매들의 다양성을 통해 충만한 하나님의 사랑을 깨닫는다.

"**지식을 초월하는 그리스도의 사랑**" 나는 이 구절을 근거로 하나님의 사랑은 사람의 생각으로는 이해할 수 없는 것이라고만 생각했다. 이 구절의 바른 의미는 우리의 생각으로는 하나님의 사랑을 전부 다 이해할 수 없으며, 체험할 때 비로소 온전히 이해할 수 있는 측면이 있음을 알려준다.

"하나님의 온갖 충만하심으로 여러분이 충만하여지기를" 하나님의 모든 충만하신 것을 여는 열쇠는 모든 차원에서 하나님의 사랑을 추구하는 것이다. 이 도표는 웅장한 하나님의 사랑에 담긴 놀라운 차원을 알려준다. 하나님의 사랑은 네 개의 영광의 차원으로 확대된다.

하나님 사랑의 다양한 차원

에베소서 3:18	요한복음 3:16	설명
너비	"하나님께서 세상을 이처럼 사랑하사"	하나님은 모든 인종과 사회적 지위와 모든 개성, 심지어 모든 극단적인 악까지도 포용하신다.
길이	"독생자를 주셨으니"	십자가는 타락한 사람에게 다가가기 위해 하나님께서 자신의 높은 보좌로부터 내려오셨던 위대한 길이를 나타낸다.
깊이	"이는 그를 믿는 자마다 멸망하지 않고"	하나님의 진리는 동굴 같아서 영원토록 캐낼 수 있는 무한한 지혜와 부요함이 숨어 있다.
높이	"영생을 얻게 하려 하심이라"	우리를 높이시는 하나님 사랑의 영광스러운 높이를 설명한다.

너비 : 하나님의 사랑의 산은 그 너비를 측량할 수 없을 만큼 넓다. 위대하시고 전능하신 하나님의 팔이 닿지 못할 곳은 없다. 하나님의 사랑은 이 지구상의 마지막 단 한 사람까지도 품을 수 있을 만큼 넓다. 하나님 사랑을 피할 수 있는 사람은 없다.

길이 : 하나님의 사랑이 내려갈 수 있는 한계를 가리킨다. 하나님은 자신을 낮추어 사랑의 산, 갈보리 언덕에서 겸손히 십자가에 달려 죽으셨다. 십자가를 바라볼 때 하늘의 영광에서 사람의 죄악의 깊은 심연으로 그리스도를 보내신 하나님의 놀라운 사랑의 길이를 깨닫는다. 하나님의 사랑이 내려가지 못할 곳은 없다.

깊이 : 하나님의 사랑의 산에는 많은 진리의 동굴이 있고, 거기에는 소중한 진리의 보석이 많으므로 전심을 다 해 하나님 알기를 추구할 때 하나님 사랑의 헤아릴 수 없는 경이로움과 아름다움과 영광스러운 계시를 깨달을 것이다. 하나님의 깊이는 끝이 없다.

높이 : 하나님의 사랑은 죽을 수밖에 없는 죄인 된 우리를 구원하시기 위해 예수 그리스도를 이 땅에 보내셨고, 십자가를 지시고 높이 들리신 그리스도를 믿는 우리 역시 높이 들리어 하나님의 보좌에 함께 앉도록 허락하셨다. 하나님의 사랑의 높이가 얼마나 영광스러운가? 우리가 하나님의 사랑에 집중할 때, 하나님의 광활한 사랑으로 충만한 임재의 바람을 타고 높이 날아오를 것이다.

어떤 것도 주님의 사랑에서 우리를 끊을 수 없다

이제 이 책의 결론에 이르러, 최고의 절정을 마주한다.

35 누가 우리를 그리스도의 사랑에서 끊을 수 있겠습니까? 환난입니까, 곤고입니까, 박해입니까, 굶주림입니까, 헐벗음입니까, 위협입니까, 또는 칼입니까? 36 성경에 기록한 바 "우리는 종일 주님을 위하여 죽임을 당합니다. 우리는 도살당할 양과 같이 여김을 받았

습니다" 한 것과 같습니다. 37 그러나 우리는 이 모든 일에서 우리를 사랑하여 주신 그분을 힘입어서, 이기고도 남습니다. 38 나는 확신합니다. 죽음도, 삶도, 천사들도, 권세자들도, 현재 일도, 장래 일도, 능력도, 39 높음도, 깊음도, 그 밖에 어떤 피조물도, 우리를 우리 주 예수 그리스도 안에 있는 하나님의 사랑에서 끊을 수 없습니다.

(롬 8:35~39)

바울은 어떤 것도 우리를 그리스도의 사랑에서 끊을 수 없다는 놀라운 진리를 소개한다. 패트리샤 블루는 이렇게 말했다. "죄는 우리를 하나님의 임재에서 분리할 수 있지만, 우리를 향한 하나님의 사랑은 아무것도 끊을 수 없다."

무조건적 사랑

나에게는 사랑하는 세 명의 자녀 조엘, 케이티, 마이클이 있다. 위의 로마서 말씀을 묵상하면서 과연 아이들이 어떤 행동을 하면 그들을 향한 나의 사랑을 끊을 수 있을까 생각해 봤다. 아이들이 나를 극도로 화나게 하고 속상하게 할 수도 있겠지만 그래도 아이들을 향한 나의 사랑을 끊을 수 있는 것은 없었다. 아직도 연약하고 때로는 악한 나도 이렇게 조건 없는 사랑으로 자녀를 사랑하는데, 영원한 사랑으로 우리를 사랑하시는 하나님의 사랑은 얼마나 더 강력할까! 우리가 하나님의 자녀인 이상 어떤 것도 우리를 향한 하나님의 사랑을 끊을 수 없다! 당신이 무엇을 하든 어떤 일이 일어나든 상관없이 하나님은 당신을 여전히 사랑하신다.

로마서 8:36은 이렇게 말한다. "성경에 기록한 바 우리는 종일 주님을 위하여 죽임을 당합니다. 우리는 도살당할 양과 같이 여김을 받았습니다 한 것과 같습니다." 바울은 이 구절을 통해 신약의 기독교를 설명한다. 많은 사람이 기독교인이 되는 의미를 "능력, 권력, 다스림, 힘"을 갖는 것이며 충분히 성숙한 신약의 기독교인은 마치 총알을 잡아내고 단 한 번에 높은 빌딩을 뛰어넘는 슈퍼 영웅 같은 믿음을 가져야 한다고 생각한다. 그러나 바울이 설명하는 참된 기독교인의 삶은 영광스러운 승리보다는 죽임당하신 어린양이신 그리스도를 따르는 것이라고 한다. "그러나 우리는 이 모든 일에서 우리를 사랑하여 주신 그분을 힘입어서, 이기고도 남습니다." (롬 8:37) 바울이 "이 모든 일에"라고 한 것에 주목하라. 앞선 35절에 "이 모든 일"에는 환난과 곤고와 박해, 굶주림과 헐벗음, 위협과 칼이 포함된다.

넉넉히 이기느니라

"그러나 우리는 이 모든 일에서 우리를 사랑하여 주신 그분을 힘입어서 이기고도 남습니다." 나는 마음속으로 승리자^{CONQUEROR}를 떠올릴 때 보통은 권투 경기의 챔피언 같은 모습을 상상했다. 무적의 분위기가 감돌고 얼굴은 자신에 차 있으며 근육은 잔물결같이 울퉁불퉁하고 손을 높이 들고 휘둘러 승리의 춤을 추며 환호하는 챔피언! 그러나 바울이 말하는 승리자의 모습은 오히려 도살장으로 끌려가는 양의 모습 같다. 도살장으로 끌려가는 어린 양과 내가 생각했던 승리자는 달라도 너무 다르다!

나는 이렇게 고백했다. "주님, 저는 넉넉히 이기기는커녕 패배자 같습니다!" 그래서 나는 "넉넉히 이기고도 남는다"라고 말한 바울의 고백을 알기 위해 노력했다. 내가 깨달은 바울의 말은 이런 뜻이다. "우리는 그리스도의 사랑을 받았기 때문에 넉넉히 이긴다." 우리는 여전히 약하고 상처투성이지만 그리스도의 사랑이 있으므로 지는 것처럼 보이는 환경에서도 이기고 있음을 의미한다. 하나님의 놀라운 사랑이 있는데 어떻게 질 수 있는가? 나의 생명을 잃는 것이 내가 하나님의 사랑을 소유하는 것을 의미한다면, 잃는 것이 얻는 것이다.

넉넉히 이기고도 남는다는 바울의 말은 "내가 처한 상황과 나 자신이 엉망인 것처럼 보일수록, 나의 승리는 크다"라는 말이기도 하다. 물론 세상은 "그건 이기는 게 아니야"라고 말하겠지만 확실히 이기는 것 그 이상이다. 왜냐하면, 약함을 통해 강함을 이기는 것이기 때문이다. 바울은 계속해서 우리에게 이렇게 말한다. "당신의 옛사람이 죽는다면 최고의 승리를 얻을 것이다!" 순교는 참으로 가장 고귀한 승리이다. 넉넉히 이긴다는 것은 가장 약한 군대가 가장 큰 승리를 이루어낸다는 뜻이다.

나는 하나님 나라의 일 KINGDOM WORK 을 로마서 8장에 근거하여 다음과 같이 이해한다. 성도들이 뜨거운 열정으로 하나님의 온전하신 목적으로 들어갈 때, 여러 부분에서 환난과 박해와 고통을 당한다. 하나님께서 사단이 성도들을 방해하도록 허락하시기 때문에 성도들은 많은 어려움과 곤혹스러운 일을 겪지만, 성도들이 마음을 바르게 지킬 때, 신실하신 하나님께서 모든 역경에서 구원하신다.

과연 이 과정의 어느 부분에서 성도가 원수와 싸워 이길 수 있는가? 사실 이 땅의 눈으로 보면 성도들은 계속해서 환난과 고난의 연속을 통과하면서 힘들고 어려운 상황에서도 하나님의 사랑을 붙들고 버텼을 뿐이다. 하지만, 성도가 어떤 상황에서도 하나님의 사랑을 붙들면 지옥의 세력은 결국 하나님께 의존하는 교회에 정복당한다. 우리가 생각하는 승리하는 교회는 전신 갑주를 입고 하나님의 주권을 힘입어 강한 능력으로 원수를 패배시키는 모습일 것이다. 그러나 교회가 고통과 위기를 끈기 있게 버티고 하나님의 한결같은 은혜를 증거할 때 사단은 패배하고 교회가 승리한다.

은혜의 하나님께서 고난 당하신 예수 그리스도의 사랑하는 신부들과 함께 전쟁의 승패를 뒤집으셨기 때문에 교회는 고통의 과정에서 그리스도의 형상으로 온전해지고, 사단은 하나님의 정의에 대항하여 어떠한 고소도 하지 못한다. 하나님께서 전능하신 능력으로만 사단을 박살 내신 게 아니라 하나님의 지혜로 이 세상의 약하고 미련한 교회를 선택하시어 사단의 권세를 물리치셨다. 역사의 끝에서, 사단은 이렇게 연약한 군대인 교회에 패배했다는 사실에 매우 분노할 것이고, 하나님은 이렇게 연약한 교회를 통해 승리를 이룰 수 있게 하신 위대한 은혜로 영광 받으실 것이다.

하나님의 반응

당신이 로마서 8:35에 나오는 억압과 고통과 박해와 궁핍 속에 산다면 승리자가 아니라 패배자처럼 느껴지고 바보 같다는 생각에 자괴감에 빠져 기분이 좋지 않을 것이다. 여전히 하나님을 뜨겁게 사랑하지만, 마치 서서히 죽어가는 듯한 기분을 누가 좋아할까? 하지만 이 시점에서 놀라운 일이 일어난다. 하나님께서 고난당하는 성도를 지긋이 내려다보실 때, 그 성도는 입을 열어 하나님께 불평하거나 분노하지 않으며 그리스도의 고난에 유순하게 순종하면서 여전히 하나님을 사랑한다.

하나님께서 고난당하는 성도를 보며 이렇게 말씀하신다. "저 성도를 보라, 마치 내 아들 같구나! 내 아들이 저렇게 죽었다! 놀라울 정도로 나의 아들과 닮았구나! 이 성도는 내 아들을 떠올리게 한다." 그리고 고난당하는 성도에게 하나님의 무한한 아버지 사랑이 풀어진다. 이 땅에서 성도의 희생이 아버지의 마음을 녹인다. 당신이 죽임당한 어린양의 길을 갈 때, 하나님 아버지의 눈에는 당신이 마치 예수님처럼 보인다. 우리는 이런 방법으로 영원한 하나님의 사랑의 창고를 연다. 고난과 상처 속에서 피맺힌 아픔을 가진 성도에게 하나님 아버지의 사랑이 흠뻑 부어진다!

바울은 이렇게 말한다. "이 사랑이 나에게 부어질 때, 내가 얼마나 큰 고통 속에 있었는지 문제 되지 않는다. 나는 절대 원수에게 질 수 없다!" 바울은 예수님을 믿기 전에 이것을 직접 배웠다. 바울이 사울이라고 불리던 때 스데반 집사가 돌에 맞아 죽는 것을 보았다. 스데반은 돌이 날아와 그의 몸을 때리는 동안 아프다고 소리치지 않고 이렇게 말했다. "보십시오, 하늘이 열려 있고, 하나님의 오른쪽에 인자가 서 계신 것이 보입니다." (행 7:56)

스데반이 돌을 맞을 때, 하나님 우편에 앉아계신 예수님께서 기독교 신앙의 첫 번째 순교자인 스데반을 맞이하기 위해 보좌에서 일어나셨다! 예수님께서 하늘 문을 열고 스데반에게 이전에는 경험해보지 못한 사랑을 부어 주셨기 때문에 스데반은 날아오는 돌에 맞는 아픔을 거의 느낄 수 없었을 것이다. 비록 스데반은 돌 세례를 맞고 죽었지만, 그 영혼은 사랑의 세례를 받아 영원한 생명을 얻었다. 나는 스데반이 돌에 맞으면서 이렇게 생각하지 않았을까 상상한다. "여러분, 멈추지 말고 계속하십시오. 내 사랑하는 분을 보니 내 마음이 그분과 함께 있기를 갈망합니다!"

오, 하나님 아버지께서 당신에게 이 사랑을 부어 주시기를! 바울은 로마서 8:28에서 우리가 하나님을 사랑할 때 어떤 일이 일어나는지 이야기한다. 그러나 여기 37절에서는 훨씬 더 영광스러운 일, 하나님께서 우리를 사랑하실 때 일어나는 일을 이야기한다. 37절과 38절이 주는 확언은 이것이다. 당신이 죽임당한 어린 양처럼 자신의 삶을 내려놓을 때, 그 어떤 것도 하나님의 사랑이 당신에게 부어지는 것을 막을 수 없다! 환난과 고난은 가장 높은 하나님의 사랑을 여는 문이다! 다시 한번 놀라운 하나님의 사랑의 산, 영광의 산 정상을 바라보자.

> 38 나는 확신합니다. 죽음도, 삶도, 천사들도, 권세자들도, 현재 일도, 장래 일도, 능력도, 39 높음도, 깊음도, 그 밖에 어떤 피조물도, 우리를 우리 주 예수 그리스도 안에 있는 하나님의 사랑에서 끊을 수 없습니다. (롬 8:38~39)

할렐루야!

벧엘북스 도서 안내

승리의 종말론

주님의 몸 된 교회는 계속해서
주님의 영광을 향해 성장하며 더욱 더 연합되어
이전에 보지 못한 하나님의 권능을 나타내고,
사탄은 결단코 이 세상을 장악하지 못할 것이다.
우리 주 예수 그리스도께서 만주의 주, 만왕의 왕으로서
모든 대적을 그 발아래 굴복시키실 것이다!

값 16,000원

하나님의 사랑받는 자녀가 되다

이 책은 하나님 아버지의 가족으로 입양되어
양자 된 우리의 정체성을 입양을 통해 설명해 줍니다.
입양된 아이들이 경험하는 여러 가지 힘겨움은
우리가 하나님 나라에서 경험하는 것과 아주 비슷합니다.
이 책을 읽는 동안 여러분이 하나님 아버지의 사랑과
더 깊은 연결점을 발견하게 되기를 기도합니다.

값 7,500원

십자가의 아름다움

우리는 이 책에서 예수님의 이야기를
다시 한번 살펴보면서 영원 전부터 아들을 향한
아버지의 마음을 이해할 수 있다.
예수님의 이야기는 죄악으로 깨어진 인류를 향한
아버지 하나님의 결단과 사랑, 자비의 이야기이다.

값 9,000원

지성소

성령님께서 지금 이 시간 그리스도의 거룩한 신부들이
지성소로 들어가도록 부르신다.
하나님께서 가장 높고 은밀한 지성소에서
천국의 사명과 계시, 하나님의 뜻과 거룩한 부르심을 주시고
이것을 성취할 수 있는 권능을 주신다!

값 10,000원

벧엘북스 후원 요청

안녕하세요 벧엘북스 대표 한성진 목사 인사드립니다.

국내 출판 업계 불황과 함께 기독교 출판 역시 큰 어려움을 겪고 있습니다. 벧엘북스는 출판이 돈을 벌기 위한 "사업"이 아니라 하나님의 부르심에 따른 "사역"이라고 믿고 진행하고 있습니다. 한 권의 책이 출간되기 위해서 저자와 출판사 간의 계약, 로열티 지불, 번역, 교정, 교열, 내지 및 표지 디자인과 같은 다양한 요소들이 존재합니다. 여러분의 관심과 후원으로 도서출판을 같이 세워 주십시오.

http://go.missionfund.org/bbooks

미션펀드에서 벧엘북스를 검색해주세요

※ 월 2만 원 이상($20) 후원자께는 향후 출판되는 도서나 음악 앨범을 무료로 보내드립니다.

※ 신청해 주신 후, 미션 펀드에서 070 번호로 된 후원 확인 전화가 갑니다. 이 전화를 꼭 받아 주셔야 후원이 완료됩니다.

※ 자동이체는 일괄적으로 매월 25일에 이루어집니다.

※ 단회적 후원을 원하시는 분들은 **우리은행 1002-336-011545(한성진)** 계좌를 이용해 주십시오.

문의 : 070-8118-4967(문자 가능)

FACEBOOK에서 "벧엘북스"를 검색해 주세요.

옮긴이 / 천슬기
───────────────

경북대학교를 졸업하고 성도들에게 하나님의 기름부음과 선한 영향력이 임하는 통로로 쓰임 받기를 기도하면서 다양한 영성서적을 번역하고 있다. 현재 The River Church에서 사모로 섬기고 있으며 역서로는 〈치유의 임재〉, 〈오전 9시 성령이 임하는 시간〉, 〈당신의 영적 은사를 알라〉, 〈비전과 목적으로 성장하는 건강한 교회〉, 〈예배 그 이상의 예배〉, (이상 서로사랑), 〈지성소〉, 〈중보적 예배〉, 〈승리의 종말론〉, 〈십자가의 아름다움〉(이상 벧엘북스)등이 있다.

하나님의 불같은 사랑

지은이 : 밥 소르기
옮긴이 : 천슬기
교정감수 : 김다혜
표　　지 : 조종민

펴낸이 : 한성진
펴낸날 : 2018년 7월 20일
펴낸곳 : 벧엘북스 BETHEL BOOKS
등　 록 : 2008년 3월 19일 제 25100-2008-000011호

주　　소 : 서울시 강남구 삼성2동 26-31, 한나 빌딩 지층
웹사이트 : www.facebook.com/BBOOKS2 또는 벧엘북스로 검색
전　　화 : 070-8118-4967(문자 수신 가능합니다.)
총　　판 : 비전북 031-907-3928
I S B N : 978-89-94642-25-3

※ 잘못된 책은 교환해 드립니다.

※ 책 값은 뒷표지에 있습니다.